아들러심리학 기반 학급 만들기

· 학생이해와 동기부여 ·

Amy Lew · Betty Lou Bettner 공저
김정희 · 강지영 · 오익수 공역

Responsibility in the Classroom

A Teacher's Guide to Understanding and Motivating Students

학지사

Responsibility in the Classroom: A Teacher's Guide to Understanding and Motivating Students

by Amy Lew, Ph.D. and Betty Lou Bettner, Ph.D.

역자 서문

최근의 일입니다. 수업 준비가 안 된 것은 물론, 수업에 관심이 없고 느닷없이 교실을 들락날락하고 친구들을 방해하여 모든 학생에게 원성을 샀던 남학생을 새 학년이 시작되고 두어 달 지난 후 복도에서 만났습니다. 오랜만에 만났는데도 한눈에 언행과 태도가 좋아졌다는 것을 느낄 만큼 달라져 있었습니다. 내심 많이 놀라서 담임선생님께 확인해 보니 지금은 학교 오는 것을 매우 재미있어하고 친구들과도 잘 지내고 있다고 합니다.

또 몇 해 전에는 학기 초 3월을 지내면서 학급 구성원이 좋아 1년간 잘 지낼 거라고 예상했던 학급이 갈수록 태도가 나빠져서 수업 목표에 도달하는 것이 힘겨울 정도였습니다. 반면, 집중력이 흩어져 수업을 잘할 수 있을지 염려되었던 학급은 예상과 다르게 시간이 흐를수록 학급 분위기가 좋아져 수업시간에 만나는 것이 기다려지는 학급이 되었습니다.

앞의 사례를 경험하면서, 수십 명의 학생들과 1년이라는 시간을 한 공간에서 보내려면 교사의 학급관리능력이 매우 중요하다는 것을 배웠습니다. 그전에는 내 학급을 관리하느라 학급 간의 차이점에 대하여 비교해 보기도 어려웠고 깊이 생각해 볼 만한 지식이나 여유도 없었습니다.

'초등 아들러심리학 연구회' 회원이 되어 교수님의 지도를 받아가며 아들러심리학을 깊이 공부하게 되면서 학생들의 문제 행동에 대한 근본 이유와 행동 목적을 알고 학생을 이해하는 것이 무엇보다 중요하다는 것을 깨달았습니다.

한두 명의 자녀만을 두어 자신들의 뜻이 온전하게 수용되는 가정에서 자라다가, 교실이라는 공간에서 규칙을 지키며 공동생활을 배워야 하는 수십 명의 학생들을 상대하는 교사들이 The Crucial Cs에 대하여 알고 있다면,

새로운 학생들을 맞이해야 하는 3월을 두려움보다는 기대하는 마음으로 맞이할 수 있을 것입니다. 많은 선생님이 이 책을 읽고 학생들과 함께 민주적인 학급을 만들어 행복한 선생님이 되시기를 간절히 소망합니다. 그럴 수 있다면 행복한 학생들, 즐거운 학급은 덤으로 주어지는 선물이 되지 않을까요?

이 책의 원 제목은 『Responsibility in the classroom: A teacher's guide to understanding and motivating students』(Lew and Bettner, 1998)로, 교사가 학급에서 학생을 이해하고 동기화하는 데 필요한 이론과 전략을 아들러심리학의 관점에서 소개한 책입니다. 저자들은 오늘날의 사회적 위험으로부터 우리 학생들을 보호하는 핵심적인 요인으로 관계(connect), 능력(capable), 중요(count), 용기(courage)라는 The Crucial Cs를 제안합니다. 이 네 가지 요구를 잘 충족하면, 학생들은 협력, 자기신뢰, 공헌, 적응유연성을 발휘하며 잘 성장할 수 있다고 합니다.

이 책의 역자가 소속된 '초등 아들러심리학 연구회' 회원들은 저자가 제안한 The Crucial Cs에 동의하고, 이를 학급관리에 적용해 보기로 하였습니다. 매년 새롭게 만나는 학급을 교육적으로 잘 관리하기 위해 수많은 이론과 전략을 연구했는데 그 중 The Crucial Cs가 다른 어떤 이론과 전략보다 간단명료하고 민주적인 학급을 꾸려 가는 데 도움이 된다고 판단했던 것입니다. 따라서 현재 '초등 아들러심리학 연구회' 회원들은 자신의 학급에서 관계, 능력, 중요, 용기를 촉진할 수 있는 다양한 활동을 구안하여 시도하고 있습니다.

이에 지금 하고 있는 '초등 아들러심리학 연구회' 회원들의 교육적 실험의 기초가 되는 The Crucial Cs에 대한 이론과 실제적인 전략을 서로 공유하기 위하여 역자들이 이 책을 맡아 번역하게 되었습니다. 역자들은 책의 내용을 면밀히 살피면서 학생의 행동을 관계, 능력, 중요, 용기의 요구 면에서 이해하는 것이 무엇보다 중요하다는 것을 알 수 있었습니다. 잘못된 행동을 지도하는 것도 결국 관계, 능력, 중요, 용기의 요구를 충족하도록 돕는 것이면 충분하다는 것도 알게 되었습니다. 따라서 이 책의 핵심 내용을 드러내고자 『아들러심리학 기반 학급 만들기: 학생이해와 동기부여』로 책의 제목을 수정하였습니다.

이 책의 저자는 드레이커스가 제안한 파괴적 행동의 네 가지 목적인 관심 끌기, 힘 추구, 복수하기, 무능력 보이기를 관계, 능력, 중요, 용기의 The Crucial Cs와 연계하여 설명합니다. 그리고 학생의 행동을 이해하고 효과적으로 지도하는 실제 전략들도 풍부하게 소개합니다. The Crucial Cs는 비단 학교뿐만 아니라 교육이 이루어지는 곳이라면 가정, 학원, 공부방, 교회의 주일학교 등 어디라도 적용할 수 있는 방안입니다. 이 책을 읽는 동안, 아동을 교육하는 모든 분들이 아동 행동의 동기를 잘 이해하고 아동을 민주적으로 지도하는 방안을 찾게 되기를 바랍니다.

끝으로 분량이 얼마 되지 않는 작은 책의 출판을 흔쾌히 허락해 주신 학지사의 김진환 사장님, 정승철 이사님께 감사드립니다. 또한 이 책의 편집을 맡아 주신 최주영 님께도 감사의 마음을 전합니다.

2018년

역자 일동

Responsibility in the Classroom

A Teacher's Guide to Understanding and Motivating Students

저자 서문

부모는 자녀에게 첫 번째 교육자이며, 그다음이 교사이다. 우리는 그간 부모를 위한 책을 써 왔다. 이 책의 목적은 교실에서 서로 배려하고 존중하는 관계로 나아가게 하는 전략들과 더불어 학생 행동을 이해하는 몇 가지 지침을 교육자에게 제공하려는 것이다. 우리는 모든 아동에게 필요한 The Crucial Cs에 대한 실제적인 이론을 소개한다. The Crucial Cs는 관계를 맺고(connect), 유능해지고(capable), 각자가 소중한 존재임을 느끼고(count), 용기를 발달시키는 것(courage)을 말한다. The Crucial Cs는 정신건강에 필요한 심리적 요구이고, 아동이 소속감과 배움이 요구, 다른 사람을 배려하는 마음을 기르는 기반이다.

Responsibility in the Classroom
A Teacher's Guide to Understanding and Motivating Students

감사의 글

우리의 작업에 영감을 준 기법들을 개발한
아들러와 드레이커스에게 감사드립니다.

Responsibility in the Classroom

A Teacher's Guide to Understanding and Motivating Students

차례

Responsibility in the Classroom

A Teacher's Guide to Understanding and Motivating Students

01. 위기의 사회

우리 사회와 우리의 아이들이 위기에 처해 있다는 말을 교사들에게 굳이 하지 않더라도, 그들은 매일 그러한 현실과 마주하여 대처하는 생활을 하고 있다.

예전에는 부모와 교사가 해야 할 일이 확실하게 구분되어 있었다. 그러나 오늘날은 부모의 주된 역할인 자녀 양육의 책무를 교사도 일부 나누어 지고 가야 하는 것이 현실이다. 주된 요인으로 맞벌이 가정과 한부모 가정의 증가, 빈곤가정 아동의 증가를 꼽을 수 있다. 빠르게 변화하고 할 일이 많은 현대사회의 영향으로 인해 학생들은 갈수록 부모의 보살핌을 충분히 받지 못한다. 교사들은 이 때문에 공부를 가르치는 데 쓰는 시간을 줄여서 이러한 결손을 보전하는 데 많은 시간을 할애한다. 그럼에도 불구하고 교사를 위한 연수나 교육의 내용 대부분이 교과 교수 방법에 중점을 두고 있을 뿐 학습을 방해하는 교실 상황을 다루는 것에는 충분한 시간을 배정하지 않는다. 그리고 인간의 행동과 집단의 역동을 이해하는 데 도움이 되는 연수가 충분치 않다보니, 교사들은 이같은 새로운 교육적 필요에 대응할 전략이 부족하여, 자신의 능력에 대한 자신감마저 부족한 편이다.

미국의학협회 학회지(278권 10호, 1997년 9월 10일, pp. 823부터)에 게재된「위험으로부터 청소년을 보호하기」라는 논문에 청소년 건강에 관한 국가적 종단 연구의 결과가 실려 있다. 이 연구는 7학년에서 12학년까지의 청소년 12,000명을 대상으로 한 인터뷰를 통해 정서적 건강, 폭력, 약물 사용(술, 담배, 마리화나), 성적 취향에 있어서의 위험 요인과 보호 요인을 확인하였다. 연구자들은 가정 · 학교 · 개인을 자세히 살펴보면서, 부모–가족 간, 학교–학생 간의 유대감이 임신을 제외한 모든 위험에서 보호 요인이 된다는 것을 밝혔다. 임신 문제에서도 부모가 조기 성행위를 반대하는 경우 그 시기가 늦춰진다는 것을 밝혔다.

어린이들은 어디서나 사랑받고 유대관계를 맺고 싶어 한다. 또한 소중하게 여겨지고 존중받기를 바란다. 집 · 놀이터 · 학교 어디에서나 가족과 공동체에서의 소속감도 느끼고 싶어 한다. 그러나 재정적, 정서적 결핍으로 인해 어린이들의 보육과 신체 발달을 위한 적절한 환경을 충분히 제공하지 못한다. 이는 협력(cooperate)보다 경쟁(compete)을 부추기고, 협상(negotiate)보다 요구(demand)를 앞세우며, 주고받기(give and take)보다 받는 것(take)만을 배우게 한다. 더 나아가 가정과 교실이라는 공간이 모래 위에 지은 집, 또는 종이로 만든 집처럼 불안정하게 여겨지고 스트레스가 커져 전체적인 상황이 위협을 받는다.

따라서 미래를 걱정하는 일이 많아진 것은 그리 놀라운 일이 아니다. 특히 부모와 교사들은 그 누구보다 10대들의 약물과 알코올 중독, 청소년 범죄 집단과 그 폭력성, 청소년 범죄와 자살, 소외 현상을 염려한다. 뿐만 아니라 점점 늘고 있는 이혼문제, 10대들의 임신, '내가 먼저(me first)'라는 이기주의도 걱정거리다.

이렇듯 결코 밝지 않은 사회 현상이 우리에게 심각한 걱정거리로 다가올지라도, 우리는 부모교육과 교사교육을 하는 가족 상담사의 입장에서, 또한 부모 중의 한 사람이라는 입장에서, 미래를 암울하게만 바라보지는 않으려 한다. 우리는 교사들이 여전히 훌륭한 교사로서 전문성을 실현하는 삶을 살아갈 수 있으리라 믿는다. 또한 아이들도 여전히 그들의 주요 발달과업을 잘 수행하여 생산적이고 행복한 어른으로 성장할 것이라고 믿는다. 이 책은 이러한 과정을 성공적으로 수행하기 위하여, 교사가 어떤 역할을 맡을 수 있는지, 이러한 역할을 수업 침해 없이 어떻게 수행할 수 있는지를 알려준다.

우리가 주장하는 어른-아이의 관계는 부모나 교사들이 강압적으로 말하고, 더 엄격한 규칙을 만들고 순종하기를 요구하는 관계가 아니다. 교사들은 규칙을 강요하는 것보다 규칙을 정하기가 훨씬 더 쉽다는 것을 잘 알고 있다. 어른들이 아이들에게 바르게 행동하도록 요구하면, 아이들은 더 반항하거나 철회하여 그들의 행동을 숨

기려 한다. 비록 어른과 아이 사이에 어떤 긍정적인 관계가 형성되어 있다고 할지라도, 어른들이 강력한 법 집행자의 역할을 하려고 한다면 그 관계는 깨져버리고 만다. 아이들이 어른들에게 존경심을 가지고 있다고 하더라도 자신들이 지킬 수 없는 규칙을 강조한다면 그 관계 또한 유지되기는 어려울 것이다. 규칙을 강조하는 것이 답이 될 수 없다면 아이들에게 필요하고 부모와 교사가 할 수 있는 것은 무엇일까? 아이들이 필요로 한 것은 무엇이고 필요한 것들이 충족되지 않았을 때 어떤 일이 일어날 수 있는지 알아보기 위하여 처음으로 돌아가 보자.

아동이 필요로 한 것을 주기

몇 해 전에 성공적인 삶을 사는 아동과 그렇지 않은 아동 간의 차이를 밝히려는 연구가 있었다. 연구결과는 국가적 종단연구의 결과와 완전히 같았다. 두 집단 간에는 매우 뚜렷한 차이가 있었다. 성공적인 삶을 사는 아동은 다른 사람과 친밀한 관계를 맺고, 그들이 속한 공동체에서 소중한 존재로 받아들여지고 있음을 알고, 자신의 삶을 통제할 수 있다고 느꼈다. 반면 말썽을 부리는 아동은 자신들이 고립되어 있고, 사회에서 쓸모없고, 무기력한 존재라고 느끼고 있었다.

말썽을 부리는 아동은 살아가는 동안 직면하는 어려움과 맞서 바람직하게 해결하기 위해 꼭 필요한 네 가지 요건을 갖추고 있지 않다. 이는 어떤 규칙, 즉 습득해야 하는 기술이나 의식적으로 기억해야 하는 것들이 아니다. 이는 교사, 부모, 다른 어른들이 아동에게 키워줄 수 있는 믿음이다. 이 믿음은 무의식적인 행동 지침이 된다.

이러한 믿음은 다음과 같은 내적 확신이다.

- 나는 가족, 학교, 사회의 일부로 다른 사람과 **연결**되어 있다.
- 나는 나 자신을 돌볼 수 있는 **능력**이 있다.
- 나는 **중요**하며 다른 사람도 그렇다.
- 나는 **용기**를 가지고 있다.

우리는 이 네 가지 필수적인 보호 요소인 **관계**(connection),

능력(capability), 중요(counting), 용기(courage)를 The Crucial Cs라고 부른다. 왜냐하면 이 네 가지 요소는 인생의 굴곡마다 다가오는 고난을 헤쳐 나갈 수 있는 사람으로, 그리고 다음과 같은 아동으로 양육하고 가르치는 데 기초가 되기 때문이다.

- 책임감 있는
- 적응 유연성이 있는
- 생산적인
- 자원이 풍부한
- 협력적인
- 공헌하는
- 자신을 신뢰하는
- 행복한
- 그리고 지속적으로 배우는

우선 이러한 속성들이 아동을 어떻게 보호할 수 있으며, 아동이 가족과 사회에 공헌할 수 있는 어른으로 성장하는 데 어떻게 도움이 되는지 살펴볼 것이다. 또한 부모와 교사가 이러한 내적 보호 요인을 아동에게 심어주려면 무엇을 해야 하며, 보람찬 인생을 살아가기 위한 역량을 키워가기 위해 무엇을 할 수 있는지도 살펴볼 것이다. 교사에게는 아동이 왜 그런 행동을 하는지 이해하는 데 도움이 되는 지침을 제공하고, 교실에서 The Crucial Cs의 습득을 촉진하는 방법을 제안할 것이다.

우리가 제안하는 방법은 아동이 자신의 발달 목적을 달성할 수 있도록 도울 뿐만 아니라 교사와 부모의 기대를 실현시키는 삶을 살게 할 것이다. 이 책에서 제시하는 것들은 교사와 학생 모두가 유익한 교실 생활을 가능하게 하는 청사진이다.

02. 네 가지 필수적인 보호 요인: The Crucial Cs

관계 요구

인간은 사회적 동물이다. 우리는 딱딱한 껍질도, 날카로운 발톱이나 이빨도, 날개도 없기 때문에, 그리고 우리의 적보다 더 빠르거나 더 강하지 않기 때문에, 우리는 생존을 위해서 무리지어 살아야만 했다. 우리는 신체적, 심리적인 안전을 위하여 이러한 유대 경험을 필요로 한다. 우리의 생존은 다른 사람과 관계 맺을 수 있는 능력에 달려 있다. 다른 사람과의 관계맺음은 인생 각각의 시기마다 다른 형태를 띠지만 생을 살아가는 동안 언제나 필요하다. 발달과정에서 가장 중요한 과제는 다른 사람에게 완전히 의존하는 상태에서 상호 의존하는 상태로 나아가는 것이다. 이는 우리 자신의 생존뿐 아니라 인류의 생존을 위해서도 필요하다. 그러므로 사회적 집단 구성원들은 가능한 빨리, 자신이 속한 집단으로부터 도움을 받을 뿐만 아니라 자신의 소속 집단에 공헌할 수 있어야 한다. 따라서 관계의 본질은 다른 사람에게 의존하는 존재에서 벗어나 다른 사람이 의존할 수 있는 존재가 되는 것이다.

유아기. 유아의 최초 요구는 관계를 맺는 것이다. 만약 이 최초의 요구가 충족되지 않으면, 아이들은 죽게 된다. 사람이 막 태어났을 때는 머리를 가눌 수도 없고 음식을 얻기 위해 움직일 수도 없다. 다른 사람과의 관계에 의존하는 것은 단지 식사 시간에만 한정되지 않는다. 자기 자신을 보호하고, 따뜻한 보금자리를 얻고, 살아가는 데 필요한 여러 가지 기술을 배우려면 누군가의 돌봄과 보살핌이 필요하다. 의존에서 독립으로 나아가는 과정은 상당히 오랜 시간이 걸린다.

갓난아이는 본능적인 신체적 요구 이외에도 정서적인 요구를 가지고 있는데, 이는 다른 사람과의 관계를 통해서만 충족된다. 아기를 돌보는 사람과 유대감을 형성하는 것은 이러한 정서적 요구를 충족하는 첫 번째 방법이다. 또한 유대감은 아기를 돌보는 사람에게 우선적으로 주어지는 정서적 보상이 되기도 한다.

안기고, 어루만져지고, 말을 나누려는 유아의 요구가 충족되지 않으면, 다른 사람과 관계 맺는 능력이 발달하지 않는다. 이때 아동은 다른 사람과 관계를 맺을 수 없는 곳으로 물러설 수도 있다. 그러나 이러한 요구들이 생애 초기부터 잘 충족되면, 아기는 잘 자라서 자신의 잠재력을 충분히 펼칠 것이다.

생애 첫 관계를 맺어가는 내내 일차적인 양육자의 임무는 유아가 전적으로 의존하는 시기 동안 유아의 생존을 안전하게 지키는 것이다. 그리고 아동이 보다 독립적이고 상호의존적인 능력을 얻을 수 있는 기회를 조성하는 것이다.

아동기. 유아는 자라면서 남에게 의존하지 않고 독립적으로 살기 위한 방향으로 자신의 역량을 발달시켜간다. 아동은 사회 안에서 자신의 설 자리를 마련하기 위하여 다른 사람과 관계를 맺는 새로운 방법을 발달시켜야 한다. 아동기는 관계를 맺는 다양한 방법을 적극적으로 실험해보고 독립과 상호의존의 다양한 방식과 정도를 시도해보는 시기다. 이러한 시행착오를 거치는 과정에서 아동은 세상에 대한 신념, 가능한 것에 대한 생각, 삶의 전략, 그리고 이런 전략을 실행할 행동들을 습득하게 된다.

가족 관계 안에서 긍정적인 유대감이 발달된 아동은 다른 사람에게 다가가고, 친구를 사귀고, 협력하는 데 요구되는 자신감이 형성된다. 이들은 성장하면서, 상호 지지하고 친밀한 인간관계를 발달시키게 될 것이다.

다른 사람과 관계 맺는 능력이 부족한 아동은 불안정하고, 고립감을 느끼고, 두려워한다. 이들은 자신의 설 자리를 마련하기 위해서라면 할 수 있는 한 어떠한 행동이라도 하려 든다. 이는 '완벽한' 아이, '나쁜' 아이, 꼭두각시, 희생양 또는 수많은 다른 역할을 하는 아동이 되는 것을 의미한다. 이들은 자신의 존재를 드러내기 위하여 관심을 추구할 수 있다. 중요한 점은 우리 모두가 의존하는 사람들과 관계를 맺기 위하여 무엇을 해야 하는지에 대해 끊임없이 생각하고 있다는 것이다.

아동을 학대하고 방임하는 집에서조차도, 아동은 살아남기 위해서, 심리적 안정감을 얻기 위해서 관계 맺을 사람을 찾아야 한다. 역기능 가족에 속한 아동은 자신의 가족이 다른 가족과 다르다는 것을 알아챌 수 없다. 어떤 아동은 권력을 가지고 자신을 학대하는 사람과도 관계를 유지해야 하고, 어떤 아동은 자신을 보호해 주지 않더라도 관심을 보여주는 부모와 동맹을 맺을 것이다.

청소년기. 아동이 10대 청소년기에 접어들면, 소속과 관계에 대한 신념의 영향이 확실해진다. 집단 내에서 자신의 입지를 확보했다고 믿는 청소년은 그 집단에 참여하고 협력한다. 상황의 요구에 따라 리더가 되기도 하고 다른 사람의 뜻을 따르기도 한다. 이러한 10대들은 거절당하거나 소외될 것이라는 두려움이 없기 때문에 언제 다른 사람과 어울려야 하고, 언제 아니라고 말해야 하는지를 결정할 수 있다. 그러나 다른 사람과 관계하는 능력을 확신하지 못하는 청소년은 동료의 압력에 쉽게 좌지우지된다. 그들은 다른 사람과 잘 지내야 하며 그렇지 않을 때는 배척될 거라고 생각한다.

아동은 건설적인 방법으로 관계를 맺고 있는가?	
건설적인 방법으로 관계 맺지 못하는 아동	건설적인 방법으로 관계 맺는 아동
• 불안전감 • 고립감 • 동료 압력에 더 민감 • 관심 추구 • 관계를 맺지 못함보다 부정적인 방법이라도 관계 맺는 편이 낫다고 결론지음	• 안전감 • 다른 사람에게 다가갈 수 있음 • 친구를 사귈 수 있음 • 협력할 수 있음
만약 아동이 긍정적인 방법으로 다른 사람과 관계를 맺을 수 있다고 믿으면, 그 아동은 건설적인 관계를 맺게 될 것이다. 건설적인 방법으로 관계를 맺는 아이들은 확신을 가지고 "나는 소속되어 있다고 믿는다."라고 말할 것이다.	

능력 요구

'의존함'에서 벗어나 '상호의존'의 길로 나아가려면, 독립할 수 있는 능력을 길러야 한다. 인간의 '독립'을 언급할 때, 이는 과제를 수행함에 있어 얼마쯤 자기 스스로 해낼 수 있음을 의미한다. 이는 곧 아동이 과제를 독립적으로 성취하고 자신을 돌보는 능력을 증진시킴으로써 자신이 유능하다는 신념을 형성할 수 있다는 것이다.

유아기. 유아는 울고, 꼼지락거리고, 빠는 것으로 삶을 시작하다가 점차 머리를 들고, 구르고, 서고, 걷는 것을 배운다. 아무도 유아에게 그렇게 하라고 강요하지 않는다. 유아는 단순히 순수한 즐거움을 가지고 그런 행동을 한다. 우리는 어린 아이들이 걷는 것을 배워가는 과정을 지켜보기만 해야 하며, 또한 독립을 향해 나아가려는 이러한 동인(drive)을 가지고 태어난다는 것을 알고 있을 것이라고 생각할 뿐이다. 그 누구도 아이들이 걷는 것을 배우는 동안 넘어지는 것에 대하여 보상하지 않는다. 그러나 유아는 걷고 넘어지기를 반복하고, 단계마다 성취라는 보상을 받는다. 이 보상은 보통 환한 미소로 나타난다. (역자 해설: 유아는 걷고 넘어지기를 반복하면서 스스로 걸음마를 배운다. 이때 유아에게 넘어지는 것이 실패를 의미하지 않는다. 걸음마를 배우는 과정일 뿐이다. 유아는 넘어져도 환하게 웃고, 한 걸음 한 걸음 떼어놓을 때도 환하게 웃는다. 그러면서 잘 걸을 수 있도록 자신을 발달시켜 나갈 뿐이다.)

아동기. 아동은 자라나면서 무엇이나 직접 경험하고 체험하면서 능력을 키우는 기회를 가져야 한다. 그러나 스트레스 속에서 바쁘게 살아가는 부모들은 아동 스스로 하게 하는 것보다 부모가 직접 해 주는 것이 더 쉽다는 것을 알게 된다. 이러한 실수는 엄청난 결과를 초래한다. 부모가 아동에게 의미 있는 일을 할 기회를 주지 않으면, 아동은 이를 스스로 할 수 있는 자신의 능력을 부모가 믿지 않는다는 표시로 받아들인다. 또한 아동은 모든 것을 척척 해내는 어른이나 손위 형제들과 자신을 비교한다. 그리고 자신이 다른 사람만큼 유능하지 않기 때문에, 아무런 시도도 하지 말아야 겠다고 생각할 수 있다. 또 다른 사람들이 자신을 계속 의존하게 만든다고 생각하면, 분개하거나 부적절감을 느낄 수 있다. 더 나쁜 상태는 아동이 아무런 책임감 없는 응석받이의 역할에 편안하게 안주해버릴 수도 있다는 것이다.

이러한 아동은 다른 사람에게 과도하게 의존하려 들거나 남이 자신을 함부로 대하여도 개의치 않는다. 왜냐하면 혼자라는 것이 두렵기 때문이다. 이러한 아동은 다른 사람이 자신을 좋게 대하든지 나쁘게 대하든지 자신을 통제한다고 해석할 수 있다. 아동은 혼동되어 통제를 능

아동은 자신이 능력 있다고 믿는가?	
자신의 능력을 믿지 못하는 아동	자신의 능력을 믿는 아동
• 부적절감	• 유능감
• 다른 사람을 통제하려고 하거나 반항적으로 됨("당신은 나를 마음대로 할 수 없어!")	• 자기 통제, 자기 훈육
• 의존적	• 책임감
• 힘 추구	• 자기 신뢰

아동이 자신의 능력을 신뢰하면, 능력 있게 행동한다.

능력이 있다고 믿는 아동은 확신 있게 말할 것이다. "나는 할 수 있다고 믿어요."

력과 독립의 표시라고 믿을 수 있다. 또한 통제라는 생각에 빠져 들다보면, 다른 사람을 쥐고 흔들거나 다른 사람들이 자신에게 해야 할 말조차 못하게 함으로써 자신의 힘을 보여주려고도 한다. 이들은 타인의 평범한 요청도 비합리적인 요구를 하는 것으로 받아들일 수 있다.

청소년기. 지지적인 분위기에서 성장하며 능력을 개발한 청소년은 자기 통제와 자기 신뢰를 발달시킨다. 이들은 책임을 질 수 있고 기꺼이 지려고 하며, 존중과 평등을 바탕으로 하는 인간관계를 맺을 수 있고 기꺼이 그러려고 한다. 반면에 자신의 능력을 확신하지 못한 10대들은 불필요한 위험을 감수하면서 자신의 능력을 증명하려 든다. 이들은 자신을 지도하려는 어떠한 시도에도 저항하면서, 자신이 원하는 것은 물불가리지 않고 할 수 있고 자신에게 닥친 일들은 무엇이든지 덤벼들 수 있음을 세상에 보여주려 한다. 낙담한 10대는 다른 방식으로 책임을 변명하고 특별한 관심을 받으려고 노력하기도 한다. 예를 들자면, 아침에 자신을 깨우게 하기, 자신의 뒤치다꺼리하게 하기, 숙제하라고 상기시키도록 하기, 잊고 간

물건 갖다 주게 하기 등.

아동은 자신에게도 능력이 있음을 느낄 수 있는 방법을 항상 찾아낸다. 그 방법들은 생애 초기에 다른 사람과 관계를 맺기 위해 터득한 방식을 근거로 한다. 어떤 사람은 다른 사람이 자신을 돌보게 만드는 능력만을 발달시킨다. 또 어떤 사람은 항상 자신보다는 다른 사람을 우선적으로 돌보는 '능력자'가 됨으로써 유능함을 발달시키기도 한다. 유능함을 보이는 것은 많은 다양한 형태를 취할 수 있으며, 어떤 것들은 다른 것보다 확실히 더 나을 수 있다.

중요 요구

세 번째는 중요한 존재이고, 가치 있음을 느끼려는 요구이다. 우리 모두는 자신이 중요하다고 느끼고 싶어 한다. 우리는 우리 자신이 나타나지 않으면 다른 사람이 우리를 그리워할 것이라고 믿고 싶어 한다.

유아기. 인간은 완전히 자기중심적으로 생을 시작한다. 유아의 주된 일은 자신의 요구를 충족하는 것이다. 발달과정상 유아는 다른 사람과 자신을 구별하지 못한다. 유아는 다른 사람을 자신과 관련지어서만 인식한다. 어른이 유아를 돌보고 유아의 요구에 반응을 보이면, 유아는 안전감을 발달시킨다. 유아는 다른 사람에게 의지할 수 있음을 배우고, 자신의 안녕이 자신을 돌보는 사람에게도 중요하다는 것을 알게 된다. 초기에 유아가 자신의 소중함을 경험하는 것은 매우 일방적이다. 그러나 점차 누군가를 돌보는 것이 어떤 의미인지 배워가기 시작한다. 아동이 존중과 배려를 받으면, 다른 사람과 관계를 맺는 일이 보다 쉬운 일임을 배우게 될 것이다. 반대로 아동이 무시 받고 학대당하면, 아동은 자신의 요구만을 충족하는 데 몰두하여 자기중심적인 세계에서 벗어나지 못하게 된다.

아동기. 아동이 성장하면서 능력이 발달되면, 가족생활과 집단생활에도 참여하려고 한다. 동참하여 도움을 주려는 아동의 시도가 인정받고 격려받으면, 아동은 소속과 공헌을 통하여 자신이 중요하다는 느낌을 갖게 된다. 아동 자신이 다른 사람에게 소중하게 여겨진다는 것을 느끼고 자신도 무엇인가 영향을 미칠 수 있음을 알게 되면서 자기 존중감이 발달하게 된다.

아동은 자신이 의미 있는 공헌을 할 수 없다고 생각하면, 자신을 중요하지 않은 존재라고 믿게 된다. 중요함을 느끼고자 하는 요구는 매우 강하다. 따라서 건설적인 방법을 통해서는 영향을 미칠 수 없다는 생각으로 낙담한 아동들은 그들의 존재를 보여줄 만한 다른 방법을 찾는다. 이들은 도움이 되는 방식으로 참여하는 것을 포기하고 다른 사람을 위협하거나 우월함을 드러내는 행위를 통하여 자신의 중요성을 부풀림으로써 자신이 중요한 존재라는 것을 증명하려 든다. 다른 사람을 화나게 하거나 복수하기를 추구하는 것과 같은 문제행동은 모두 자신이 중요하다는 것을 보여주려는 방식이다.

청소년기. 자신의 가족이나 세상에 영향을 줄 수 있다고 믿는 10대들은 가족과 세상에 적극적으로 참여한다. 이러한 청소년들은 학교와 지역사회 봉사에 능동적이다.

자신의 행동이 주위의 다른 사람과 세상에 어떤 영향을 주는지를 안다. 자신의 행동이 가져 올 결과를 알기 때문에, 법규를 어기지 않으려 하고 책임을 피하지 않으려고 한다. 또한 자신이 영향을 미칠 수 있음을 알기 때문에 투표하고, 자신의 역량을 발달시키고, 지역사회에 참여하는 것의 가치를 알고 있다.

아동은 건설적인 방법으로 자신이 중요하다고 믿고 있는가?	
자신의 중요성이 건설적 방법으로 통하지 않는다고 믿는 아동	자신의 중요성이 건설적 방법으로 통함을 믿는 아동
• 자신이 중요하지 않다고 느끼고 상처받음 • 상처를 돌려주고 싶어함 • 복수하고자 함 • 아무 영향을 주지 못함보다 부정적이라도 영향을 미치는 것이 낫다고 믿음	• 자신이 중요하다고 느낌 • 건설적인 방법으로 영향을 줄 수 있다고 생각함 • 건설적으로 공헌할 수 있음

아동이 긍정적인 방법을 통해 자신이 중요하다고 믿으면, 그 아동은 건설적으로 행동한다.

건설적인 방법을 통해 자신이 중요하다고 믿는 아동은 확신을 가지고 말할 것이다: “나는 중요하고 영향을 줄 수 있어.”

기억하자. 건설적인 방법으로 자신의 중요성을 드러낼 수 없다고 믿는 사람은 부정적인 방법을 사용하여 자신의 중요성을 증명하려 한다. 우리는 청소년들의 이러한 신념이 얼마나 위험한지 잘 알고 있다. 10대 소녀들은 누군가가 자신에게 관심을 갖게 하기 위하여 성적으로 적극성을 보이기도 한다. 심지어 누군가가 자신을 필요로 한다는 것을 느끼고 싶어 임신을 선택할 수도 있다. 몇몇 10대 소년들은 자신이 중요한 일을 할 수 있다는 것을 보여주고 싶어 소녀에게 임신을 시킬 수도 있다. 공공 기물 파손 및 다른 파괴적인 행동도 주변 사람들에게 영향을 미치는 방법이 될 수 있다.

자신의 중요함을 파괴적인 방법을 통해 적극적으로 증명하려 들지 않는 10대일지라도 위험스러운 것은 마찬가지다. 이들은 자신이 행하는 어떤 것도 실제로 중요하지 않다고 생각하기 때문에, 의미 있는 목적을 위하여 협력하거나 일하는 것을 거부할 수 있다. 이들이 쓰레기를 창밖으로 던진다고 누가 신경 쓰겠는가? 그저 작은 쓰레기일 뿐이다. 이들이 왜 환경문제에 관심을 갖겠는가? 아무도 이들에 대해 어떤 것도 관심 갖지 않는다. 이들이 집안일을 하지 않는다면 누가 할 것인가? 다른 누군가가 집안일을 할 것이다. 이들이 투표에 참여한다면 어떤 영향력이 있을까? 그저 한 표일 뿐이다. 어쨌든 아무것도 달라지는 것은 없다.

아동은 자신이 중요하다고 느낄 수 있는 방법을 항상 찾아낸다. 그 방법은 생애 초기에 관계를 맺기 위해 해야만 했고, 할 수 있는 것을 선택했던 행동에 근거한다. 우리의 아동들이 건설적인 행동을 선택하고, 사회에서 자신의 입지를 확보하고 훌륭한 시민이 되기를 바란다면, 아동에게 자신의 의견과 행위가 중요하다는 신념을 갖게 해야 한다.

용기 요구

유아기를 거쳐 성인이 되고 생의 마지막에 이르기까지의 인간 발달은 사실 복잡하고 위험스런 일이며, 잘 사는 방법을 찾을 때까지 시행착오를 계속 반복해야 하는 여정이다. 실로 엄청난 용기를 필요로 하는 여정인 것이다.

따라서 용기는 The Crucial Cs의 네 번째 요구이다. 건설적인 삶을 살아가기 위해 용기가 얼마나 중요한가! 용기는 너무나 중요한 요소이므로, 만약 아동이 삶을 살아가는 데 필요한 자질 중에서 단 하나만 주어야 한다면 가장 필요한 것은 용기일 것이라고 드레이커스는 자주 언급하였다.

유아기와 아동기. 용기의 초기 모습은 유아가 발달적 노력에서 성공하지 못한 후에 나타난다. 유아가 수행한 어떤 것도 우연을 제외하면 한 번의 시도로 성공하지 않는다. 숙달하려면 매우 많은 시도가 필요하다.

필요하고 원하는 것을 얻기 위하여 시도를 계속하려면 유아와 아동은 많은 용기를 가져야 한다. 이러한 사실은 이들의 노력이 큰 실패로 끝날 때(걷기를 배울 때 긁힌 무릎과 부딪친 머리와 삔 다리, 말하기를 배울 때 자신의 마음을 제대로 알리지 못함, 자전거 타기를 배울 때 넘어지면서 받은 신체적 · 정서적 상처 등) 보이는 표정과 목소리를 떠올려 보면 분명해진다.

용기야말로 인간발달과정에서 삶을 지탱하는 역할이

라고 이해할 수 있는 또 다른 방법이 있다. 그것은 아동기 때 아주 어려운 일을 겪으면서 느꼈던 정서를 돌이켜보는 것이다(처음으로 학교가기, 혼자서 버스나 지하철 타기, 길을 잃고 도움 구하기, 수영배우기 등). 여러분이 중요한 일을 잘 완수하고 싶었을 때 느꼈던 두려움이나 무서움의 경험을 떠올려보자. 두려움이 밀려옴에도 불구하고 계속 앞으로 나아갔는가? 그 상황을 포기하거나 회피했는가?

상처, 분노, 불만, 실망, 공포 모두가 인간이 매우 이른 생애 초기에 경험하는 정서들이다. 배움의 과정에서 유아와 아동은 성공보다 실패를 더 많이 경험한다. 그럼에도 불구하고 계속해서 시도를 거듭하는 것은 놀라운 일이다. 이러한 놀라움을 용기라고 한다.

유아와 아동이 발달과업을 완수하려면, 실패와 두려움에 맞설 수 있는 용기를 가져야만 한다. 용기는 두려움의 부재가 아니다. 두려움에도 불구하고 앞으로 나아가 필요한 일을 하려고 하는 의지다.

용기 없는 아동은 할 수 없는 일에 초점을 맞춘다. 이들은 자주 포기하고 만다. 또한 다른 사람이 자신을 포기하게 함으로써 두려움과 패배감이 떠오르게 하는 사람들을 회피하려 한다. 용기 있는 유아와 아동은 회복탄력성(resiliency)을 발달시킨다. 이들은 희망에 차 있다. 사리에 맞는 위험을 감수하고 새로운 시도를 한다. 실패하여도 또 다시 시도한다.

청소년기. 청소년기는 엄청난 혼란과 불확실성의 시기이다. 한 발을 여전히 아동기에 두면서 다른 한 발을 시험적으로 성년기에 들여놓으려 하다가, 균형을 잃게 되거나 다시 아동기로 되돌아오기도 한다. 일보 전진 이보 후퇴, 이보 전진 이보 후퇴를 하다가 점차 이보 전진, 일보 후퇴를 한다. 이는 10대 발달의 특성이기도 하다.

10대들은 성 문제, 가족과 또래 간 경쟁 요구, 다양한 형태의 의존-독립 딜레마 등과 같은 전통적인 문제들로 고군분투한다. 오늘날의 10대들은 만연한 폭력, 10대 자살, 약물, 알코올, 옷차림 기준 및 다른 냉혹한 현실에서 발생하는 새로운 문제들과도 싸운다.

일부 청소년들은 성 행위를 생각하거나 실행하기 때문에 에이즈에 대한 두려움을 갖기도 한다. 더 심각한 것은 일부 청소년에서 에이즈를 전혀 걱정하지 않는다는 것이다. 신체가 어떻게 보여야 하는가에 대한 지배관념으로 어떤 청소년은 섭식장애를 일으키고, 또 어떤 청소년은 스테로이드 사용 문제를 야기한다.

이러한 문제들을 다루기 위하여 10대에게 필요한 용기의 양은 거대하다. 우리가 언급한, 삶을 위협하는 문제들을 직면하는 10대에게 요구되는 용기의 양은 실로 엄청나다.

아동에게 용기가 있는가?	
용기 없는 아동	용기 있는 아동
• 두려움을 극복할 수 없음 • 열등감, 패배감, 절망감, 낙담을 느낌 • 포기하거나 회피함 • 다수에 반하는 것을 두려워함	• 두려움을 극복함 • 평등감, 자신감, 희망을 느낌 • 도전에 맞서고 회복탄력적임 • 필요하면 홀로 설 수 있음

아동이 용기가 있으면, 학습을 수행하고 삶에 필요한 노력을 계속할 수 있다.

용기 있는 아동은 확신을 가지고 말한다: “나는 나에게 일어난 일을 처리할 수 있어.”

용기 없는 청소년은 틀리는 것이 두려워서 교실에서 발표하려 하지 않는다. 또는 학생들 사이에 학교를 경멸하는 문화가 있다면, 어떤 학생은 올바른 것을 두려워하여 말하려 하지 않을 것이다. 용기가 부족한 10대들은 약물 흡입, 음주, 가게 물건 훔치기, 총 가지고 놀기를 하자는 압력에 저항할 수 없을 것이다. 용기 있는 청소년은 생애 과제와 어려움에 맞서고, 상황이 요구하면 대중에 반대하는 데 필요한 힘을 가지고 있다. 용기 있는 청소년은 자신이 원하지 않는 성적인 접근에 "아니오."라고 말할 수 있으며, 운전자가 술을 마셨으면 동승을 거부할 수 있다.

필수 기술과 능력

The Crucial Cs가 건설적으로 충족되기 위해서는 다음 네 가지의 중요한 기술을 발달시켜야 한다.

1. **의사소통 기술**. 이는 자기 자신에 대해 말하고 표현

하는 것을 포함하여 다른 사람의 말을 경청하는 마음을 갖는 것을 의미한다. 의사소통은 우리의 모든 생애과제, 즉 친구를 사귀고 유지하는 데, 근무 중에, 연인관계에서 필요하다. 우리는 경청하고, 협력하고, 협상하고, 공유하고, 공감할 수 있어야 한다.

사람들이 실직하는 첫 번째 이유는 대규모의 인원 감축 때문이라기보다 빈약한 대인관계 기술 때문이다(이들은 다른 사람들과 잘 지내는 법을 모른다). 우정이 깨지는 주요한 이유도 빈약한 의사소통 때문이다. 사람들이 이혼 사유로 드는 것은 보통 무엇인가? "우리는 의사소통이 안돼요." 우리가 어른과 아동 사이에서 들을 수 있는 가장 큰 불평거리는 무엇인가? "당신은 나를 이해하지 못해요."일 것이다. 의사소통 기술이 없으면, 직업을 잃게 되기도 하고 인간관계를 유지할 수도 없다.

우리가 건설적으로 관계를 맺으려면, 효과적으로 의사소통할 수 있어야 한다.

2. **자기 훈육**. 자기 훈육은 아동이 자신과 공동체를 위

한 긍정적인 목적을 달성하기 위하여 자신의 정서와 행동을 통제할 수 있음을 의미한다. 이는 미래에 무언가를 얻기 위한 노력을 현재 하고 있다는 의미다. 또한 지금 원하는 것이 있더라도 더 나은 미래를 위해 지금 당장 취하기보다 미룰 수 있다는 의미다. 왜냐하면 긴 안목으로 볼 때 비록 원하던 것이라도 지금 당장 취하는 것이 미래의 목적을 달성하는 데 오히려 방해가 되기 때문이다. 당신이 대학공부나 특별한 여행을 목적으로 저축하고 있기 때문에 값비싼 메이커 운동화를 사지 않는 것과 같다.

자기 훈육하는 아동은 자신을 통제한다. 이들은 분노 혹은 공격성과 같은 감정을 통제할 수 있다. 따라서 이들은 이러한 감정을 자기 파괴적으로 사용하지 않거나 그들이 좋아하는 사람들을 다치게 하지 않는다. 자기 훈육하는 아동은 자신을 동기화하고 변화가 필요한 것을 변화시키는 데 자신의 감정을 사용할 수 있다. 이러한 아동은 내면의 힘을 발달시키고 부정적인 압력과 유혹을 뿌리칠 수 있다. 학교생활에서 성공하며 직업을 구하고 유지할 수 있다. 이러한 특성이 없으면 사람들은 통제력을 잃고, 상처받기 쉽고, 운과 운명에 휘둘린다.

유능해지려면 자기 훈육이 필요하다.

3. **책임질 능력과 의향**. 이는 무엇이 행해질 필요가 있는지 알아보고, 목적을 세우고, 수행해 가면서 이를 행하는 것을 의미한다. 아동은 권리와 특권, 이에 따른 책임 간의 차이를 배워야 한다.

아동은 자신의 행위에 책임지는 것을 배워야 한다. 다른 사람을 비난함으로써 자신의 행동을 변명하지 않아야 한다: "이것은 저 아이의 생각이었어요!" "저 애가 하라고 했어요!" "그들이 그러라고 했어요." "단지 지시를 따랐을 뿐이에요!" 또는 다른 사람이 자신을 생각해주거나 위험으로부터 보호해주도록 기대지 않아야 한다: "미리 말해주었어야지요." "저 애가 하는 방법을 알고 있다고 생각했어요." "난 자니가 자기 엄마에게 우리를 데리러 와달라고 부탁한 줄로 알았어요."

아동이 학교생활을 잘 하고 있다면 열심히 생활했기 때문에 그런 것임을 알아야 하고, 학교생활을 잘못하고 있다면 자신의 잘못을 분석할 수 있어야 한다. 또한 자신의 경험을 통해 무엇을 배울 수 있는지 살펴보고, 무엇을 할 수 있는지 알아내고, 앞으로 무엇을 달리 할 것인지 결정할 필요가 있다. 리더십과 높은 생산성은 책임질 수 있는가의 여부에 달려있다. 책임질 능력이 없는 사람은 자신의 짐이 너무 많다고 여기며 삶이 공정하지 않다고 느끼는 경향이 있다.

책임감을 느끼려면, 우리는 중요한 존재이고 영향력이 있음을 믿을 필요가 있다.

4. 좋은 판단을 하고 현명한 결정을 할 수 있는 능력. 이 능력은 사실(fact)과 다른 사람들의 생각에 개방적일 것을 요구한다. 옵션을 살펴보고, 다양한 가능성들을 따져보고, 합리적인 선택을 할 수 있을 것을 요구하는 것이다.

우리는 매일 끊임없는 선택을 해야 한다. 식료품 가게에서, 쇼핑몰에서, 텔레비전에서, 직장에서도 매순간이 선택의 연속이다. 직무가 점점 더 자동화되면서, 지시를 따르거나 단순 반복 작업을 잘 하는 사람들의 필요는 줄어들었다. 고용주는 일을 파악하고 혼자 힘으로 생각할 수 있는 사람을 원한다. 더 중요한 것은 민주시민으로서,

경쟁적인 아이디어들에 대해 판단하고 결정하도록 요구받는다. 누가 믿을 만한지, 어떻게 투표할지, 무엇을 믿을지 결정할 수 있어야 한다. 현 시대를 살아가기 위해서는 누구나 좋은 선택을 할 수 있어야 한다. 우리의 행동은 다른 사람들, 즉 우리의 친구 · 가족 및 더 큰 사회와의 관계에서 어떤 존재로 머물게 되는지를 결정한다. 달리 말하면, 우리의 행동은 어떤 삶을 살고 싶고 어떻게 살려고 하는지를 결정짓는다.

어떤 것이 안전한지 또는 위험한지, 공정한지 또는 불공정한지, 적절한지 또는 부적절한지, 도덕적인지 또는 부도덕한지, 윤리적인지 또는 비윤리적인지를 아동이 결정할 수 있으려면, 좋은 판단력이 필수적이다. 아동이 언제쯤 집단에 함께 참여할지 그리고 언제쯤 자기가 아는 것이 옳다고 주장할 것인지를 결정하도록 돕기 위해서도 좋은 판단력이 필요하다. 이끌고 가야할 때는 언제이고 따라야 할 때는 언제일지 결정할 수 있어야 한다.

현대 사회에는 아동에게 위험한 것들이 많다. 신문은 학대 · 약물 중독 · 음주 · 성문제, 그리고 폭력에 직면한 아이들의 이야기로 가득 차 있다. 우리의 아이들을 지키기 위해서 더 이상 어른들에게 의지할 수 없다. 아이들에게 항상 어른을 존경하고 어른들이 말하는 대로 하라고 가르칠 수만은 없다. 아이들에게 상황을 평가하고, 결과를 예측하고, 스스로 결정하도록 가르쳐야 한다. 좋은 판단이 없으면, 아동은 또래 압력에 더 쉽게 상처받고, 말썽을 일으키는 패거리에 합류하고, 비양심적인 어른들에게 이용당하기 쉽다.

용기를 현명하고 안전하게 사용하려면 우리에게 좋은 판단력이 필요하다.

이 모든 기술은 학업의 성공에 필수적이다.

이러한 네 가지 기술의 발달은 우리의 삶에서 매우 중요한 것들이며, 이것이 우연히 발달될 것이라 기대할 수만은 없다. 이는 계발되고 길러져야 한다. 우리가 아동에게 바라는 대로 아동이 해낼 수는 없을지라도, 교실 훈육 기법을 적용하려고 노력하면, 능력 있고, 잘 적응하는 청소년으로 키울 수 있는 가능성은 높아진다.

학급 아동은 자신의 나이에 적절한 발달 수준에 도달

했을 수도, 그러지 않을 수도 있다. 어찌되었든, 이러한 발달을 촉진하기 위하여 교사가 할 수 있는 일은 많다. 이러한 노력이 수업 진행을 방해하지는 않는다. 오히려 가르침과 배움을 더 즐겁고 효과적이게 한다.

03. 요구를 충족하기 위한 방식으로서 행동 이해하기

모든 사람은 다른 사람과 관계를 맺고, 어느 정도 독립성을 유지하며, 가족과 지역사회의 중요한 구성원이 되는 요구를 충족하려고 노력한다. 유아와 아동은 이러한 요구의 충족을 위하여 여러 가지 행동을 시도한다. 그러면서 어떠한 행동이 반응을 얻어내고 어떠한 행동은 반응을 얻지 못하는지를 알게 된다. 또 어떻게 행동하는 것이 다른 것들보다 더 좋은 반응을 얻을 수 있는지도 습득하게 된다.

아동은 자신이 바라는 결과를 가져다주는 건설적인 행

동을 자신의 요구충족 전략으로 삼는다. 비록 잘못된 행동일지라도 아동이 바라는 결과를 얻을 수 있다면 자신의 요구충족 전략으로 삼게 된다. 사람들은 지역사회나 범죄 조직에 소속되어 있기 때문에 유대감을 갖는다. 그리고 자신에게 기대하는 것을 책임질 능력이 있다고 생각하기도 하고 이를 회피하기도 한다. 사람들은 공헌하면서 자신의 중요성을 느끼거나 또는 잘못된 행동이나 자화자찬을 통하여 자신의 존재감을 드러내기도 한다. 10대 갱들은 부정적인 수단을 통하여 갱단 모두에게 The Crucial Cs를 제공한다. 이를 통하여 누군가에게는 갱이 관계를 맺고, 능력이 있고, 중요하다고 느낄 수 있는 유일한 곳이 된다(부록 The Crucial Cs 참조).

아동은 요구 충족에 성공할 때마다 다음의 과제를 완수할 때 겪는 일련의 시행착오를 이겨내는 데 필요한 용기를 얻게 된다. 아동이 실패만을 경험하고 자신의 요구를 충분히 충족시키는 데 성공하지 못한다면, 용기를 잃고 새롭게 도전하는 것을 주저하고 망설이게 될 것이다.

아동이 자신의 요구를 건설적인 방법으로 충족하고, 전 생애를 살아가는 데 필요한 용기를 갖게 되기를 바란다면, 아동 자신이 배우고 노력하여 얻게 되는 결과에서 교사 · 부모 · 양육자로서 우리가 한 역할이 무엇인지 알아차릴 필요가 있다. 비난과 무시는 The Crucial Cs를 획득하는 데 필요한 용기를 건설적인 방법으로 발달시키려는 아동의 열망과 능력을 방해한다.

모든 행동에는 목적이 있다. 그러므로 아동이 한 행동의 숨은 의도와 목적을 찾으려는 노력은 아동을 이해할 수 있는 하나의 방법이 된다. 우리가 The Crucial Cs를 바탕으로 하여 행동 목적을 찾아보면 모든 행동을 다음의 결과로 바라볼 수 있다.

- The Crucial Cs를 느끼고 있음
- The Crucial Cs를 느끼려고 애쓰고 있음
- The Crucial Cs 가운데 한 가지 이상을 느끼지 못하고 있음

잘못된 행동의 목적

우리는 아동이 세상과 그 안에서 자신의 입지를 어떻게 인식하고 있는지 살펴보아야 한다. 아동의 행동에는 목적이 있음을 기억해야 한다(자신의 가족, 나중에는 학교와 지역사회에서 관계를 맺고, 능력이 있음을 느끼고, 중요한 존재로 여겨지고 싶은 목적). 드레이커스가 말한 바와 같이 "아동은 노련한 관찰자와 같지만, 관찰한 것을 해석하는 데 많은 실수를 한다. 잘못된 결론을 내린 후 자신의 입지를 찾기 위하여 잘못된 방법을 선택하기"(1964, p. 15) 때문에 문제가 발생한다.

잘못된 행동은 잘못된 결론에 따른 증상이다.

낙담한 아동은 건설적인 방법을 통하여 관계를 맺고, 능력이 있으며, 중요한 존재라는 것을 표현하는 방법이 미숙하여 자신이 놓쳐버린 The Crucial Cs를 보상받으려는 대처 전략을 발달시켜간다. 이러한 대처 전략은 그만 두기, 회피하기, 속이기, 광대놀음하기, 괴롭히기, 통제하기, 잊어버리기, 꾸물거리기, 부정하기, 합리화하기, 변명하기, 남 탓하기와 같은 행동들이다. 이는 드레이커스가 "잘못된 행동 목적"이라고 말하는 네 가지 목적으로 분류된다. 또 이러한 대처 전략은 잘못된 목적을 추구하는 데 이용되는 그릇된 행동들이다.

관계에서 유대감을 느끼지 못하는 아동은 불안전과 고립감을 느낀다. 이들은 **관심** 추구를 통해 자신이 소속되어 있음을 증명하려고 할 수 있다.

능력이 없다고 느끼는 아동은 부적절감을 갖는다. 혼자 힘으로 유능감을 느낄 수 없게 될 때 대안적인 방법을 선택하고, 능력을 보여주는 힘에 대한 해석을 잘못할 수도 있다. 그럼으로써 이들은 다른 사람을 통제하려고 하거나 다른 사람이 자신을 통제할 수 없음을 보여주면서 **힘**의 목적을 추구할 수 있다.

자신이 **중요**하지 않다고 느끼는 아동은 자신의 무가치감 때문에 다른 사람을 처벌하려고 할 수 있다. **복수**하려하고 자신의 고통을 드러내 보이거나 상처받은 만큼 상처를 되돌려주려 할 수 있다.

마지막으로, **용기**가 없는 아동은 자주 열등감을 느낀다. 이들은 상처 입은 자존감 속에 남아있는 용기의 일부를 최후의 보루처럼 지키기 위하여 **회피**하거나 무능하다고 여기고 포기할 수 있다.

문제는 이러한 목적이 사탕과 같다는 것이다(이러한 목적들은 즉각적인 만족을 주지만 장기적으로 볼 때 긍정적인 효과는 없다). 이러한 목적들은 눈앞의 불편이 해소된 것처럼 보여 아동은 더 건강한 관계를 위한 노력을 일부러 하지 않기도 한다. 따라서 그 결과로 생긴 위험은 심각해질 때까지 감지되지 않을 수 있다.

> **기억하라**: 당신이 보고 있는 잘못된 행동이 문제가 아니다. 잘못된 행동은 아동이 느끼거나 가지고 있는 문제에 대한 해결책이다. 우리는 아동이 대안적인 해결책을 찾도록 도와야 한다.

우리는 아동이 과도한 **관심**을 추구함으로써 **관계**를 맺으려고 하는 대신, **협력**을 통하여 소속감을 경험하기를 바란다. 우리는 아동이 힘의 오용으로부터가 아니라 자기 **신뢰**를 통하여 **능력** 있고 역량 있음을 느끼기를 바란다. 우리는 아동이 복수가 아니라 **공헌**을 통하여 자신이 **중요**하고 영향력을 미칠 수 있음을 느끼기 바란다. 우리는 아동이 어려움을 회피하는 것이 아니라 맞서서 이겨낼 수 있도록 **회복탄력성**을 개발하고, **용기**를 갖기 바란다.

이러한 목적이 학급에서 어떻게 나타나는지 알아보기 위하여 다음의 시나리오를 생각해보자.

잘못된 목적 1:
관계 맺는 방법으로서 과도한 관심 추구

교사: 자, 여러분. 수학 시험 시간입니다. 책상을 치우고 종이와 연필을 꺼내세요.

한 학생이 책상서랍을 뒤적이고, 종이를 뒤섞고, 책을 떨어뜨리고, 웃으면서 자리에서 일어나 연필깎이가 있는 곳으로 뛰어간다.

교사는 무슨 말을 할까? "자리에 앉아 줄래?"라고 부탁한다.

학생: "아, 알았어요. 시험 볼 준비를 하는 것뿐이에요."

교실 바닥의 물건들을 툭툭 치고, 키득키득 웃으며, 옷차림을 매만지며, 수줍게 미소 짓는다.

교사는 무엇을 느낄까? 짜증나고 귀찮은 느낌.

잘못된 목적 2:
능력 있음을 느끼는 방법으로서 힘 추구하기

교사: 자, 여러분. 수학 시험 시간입니다. 책상을 치우고 종이와 연필을 꺼내세요.

한 학생이 일어나서 의기양양한 표정을 짓고 천천히 연필깎이가 놓인 곳으로 간다.

교사는 무슨 말을 할까? "앉으세요!"라고 강한 어조로 말한다.

학생: "시험 볼 준비를 하는 것뿐이에요. 시험 보라고 하지 않았어요? 연필이 없으면 시험 치를 수 없잖아요?"

교사는 무엇을 느낄까? 화나고 도전받는 느낌.

잘못된 목적 3:
중요함을 느끼는 방법으로서 복수하기

교사: 자, 여러분. 수학 시험 시간입니다. 책상을 치우고 종이와 연필을 꺼내세요.

한 학생이 어슬렁거리며 연필깎이 쪽으로 가면서 다른 학생의 책상에 일부러 부딪치고 바닥에 있는 물건을 걷어찬다.

교사는 무슨 말을 할까? "자리에 앉아!"라고 언성을 높인다.

학생: 세상에, 단지 연필을 깎으려는 것뿐이에요. 내가 뭘 하길 바라세요? 손가락으로 글씨 쓰라고요?(학급에서 가장 모범적인 학생을 가리키며) 저 애가 연필 깎으러 갈 때는 소리치지 않았잖아요. 앉으라고요? 알았어요. 앉을게요. (다른 아이를 의자에서 밀어내고 그 자리에 앉는다.)

교사는 무엇을 느낄까? 공격당한 느낌–처벌하고 싶은 마음.

잘못된 목적 4:
용기의 상실을 보상하는 회피 전략 사용하기

교사: 자, 여러분. 수학 시험 시간입니다. 책상을 치우고 종이와 연필을 꺼내세요.

매우 낙담한 학생이 책상 위에 맥없이 무너져 책상에 엎드린다. 당신은 그 학생이 차라리 연필이라도 깎았으면 하는 마음이 든다.

교사는 무슨 말을 할까? "뭐가 문제야? 적어도 시도는 해 봐야 하지 않아?"

교사는 무엇을 느낄까? 절망감.

앞의 사례들에서 교사의 처음 행동은 똑같았지만, 학생의 반응과 교사의 감정은 달랐다. 왜냐하면 각 학생의 목적이 달랐기 때문이다.

아동의 잘못된 목적을 찾아내기 위해 우리는 자신에게 다음 두 가지 질문을 해야 한다.

- 아동이 잘못된 행동을 할 때 우리는 무엇을 느끼는가?
- 교사의 지도에 대해 아동은 어떻게 반응하는가?

다음과 같이 느낀다면...	학생의 반응이 다음과 같다면...	목적은...
성가시고 짜증남	일시적으로 멈춤	관심
화남, 도전받는 느낌	더 악화됨, 더 심해짐	힘
벌주고 싶거나 상처 받음	자신을 싫어하게 만듦, 상처를 줌	복수
절망, 희망 없음	부적절함을 보임	회피

이러한 목적들을 추구하는 행동은 능동적이거나 수동적일 수 있다. 아동은 집단을 방해하는 행동을 함으로써 또는 당신이 아동의 책무를 아동에게 계속 말하도록 함으로써, 당신의 관심을 얻으려고 할 수 있다. 아동은 다른 사람에게 "당신은 나를 그만 두게 할 수 없어!" 또는 "당신은 나를 어떻게 할 수 없어!"를 보여줌으로써 자신의 힘을 증명해 보이려고 할 수 있다. 복수하려드는 아동은 다른 사람에게 상처를 줌으로써 또는 다른 사람들이 자신에게 어떻게 상처를 주었는지 보여주어 다른 사람들이 기분이 나빠지게 함으로써 자신의 고통을 내보일 수 있다. 아동은 자신의 능력에 대해 낙담한 나머지 당신이 아동을 포기하도록 만드는 것을 목적으로 삼을 수 있다. 아동은 과잉행동을 통해 또는 자신의 학습장애를 지나치게 강조함으로써 자신을 포기하게 하는 목적을 수행할 수 있다. 이러한 아동이 정확하게 분류되고 진단되든 그렇지 않든, 이러한 아동이 모두 부적절함을 보이고 포기하는 것은 아니다. 이런 문제들을 보상하는 전략을 발달시키고 위대한 과업을 성취하기 위하여 나아간 사람을 우리는 알고 있다. 예를 들면, 아인슈타인에게는 난독증

이 있었다. 우리는 당신의 교실에 아인슈타인과 같은 학생이 있다면 어떤 일들이 일어날 것 같은지를 상상할 수 있을 뿐이다. 아마도 코미디언 로빈 윌리엄스의 과잉되게 우스꽝스러운 짓과 같은 행동을 하지 않을까?

학생의 목적 확인하기

아동이 자신의 행동 목적을 의식적으로 알아차리지 못하더라도, 우호적이고 도움이 되는 방식으로 지적해 주면 아동은 자신의 목적을 인식할 수 있다. 학생의 행동 목적에 대한 당신의 가설을 점검하고 아동이 자기 파괴적인 방식으로 행동하고 있는 이유를 이해할 수 있도록 도우려면, 교사는 목적 드러내기를 위하여 다음의 방식을 따를 수 있다.

학생이 잘못된 행동을 하고 있을 때보다는 다른 때에 우호적인 어조를 질문하라.

⚠주의: 목적 드러내기는 당신의 생각을 확인하고 학생이 이해받는 느낌을 갖도록 하는 것일 뿐이다. 당신의 목적은 아동이 이해하도록 돕는 것이지, 벌주거나 비난하는 것이 아님을 분명히 하라. 당신이 아동에 대해 공감하고 있다고 확신할 수 없으면, 대화하려고 하지 마라.

1. 학급 토론 시간 중에 네가 딴 생각을 하면서 창밖을 보고 있는 이유를 알고 있니?(잘못된 행동을 기술할 때 구체적으로 하라. 단순히 "너는 왜 학급에서 잘못된 행동을 하고 있니?"라고 말하지 마라.) 아동은 "아니오."라고 말하거나 변명을 늘어놓을 것이다. (학생이 이유를 말하려고 하면, 다음과 같이 말할 수 있다: "그럴 수 있겠구나. 그런데 선생님은 다른 생각이 있단다.")
2. "선생님의 생각을 말해도 되겠니?" 학생이 교사로부터 비난 받는다고 느낄 수도 있으니 허락을 구하는 것이 중요하다. 분위기가 우호적이고 아동이 자신을 방어하지 않을 때, 아동은 당신의 생각이 무엇인지 듣고 싶을 것이다.

3. 이제 아동의 잘못된 행동에 대한 우리의 가설을 확인하고 아동이 잘못된 행동의 목적을 스스로 알아차리도록 하기 위하여 다음 질문을 이어 간다. 우리가 목적을 정확하게 찾아내면, 아동은 드레이커스가 말한 "인지 반사"를 보일 것이다. 인지 반사는 다양한 형태로 나타난다. 단순히 "예."라고 말할 수 있다. "아니요."라고 말하지만 교사의 설명이 맞음을 인정하는 미소, 또는 다른 신체적 언어를 보일 수 있다. 때로는 처음 질문에 약한 인지 반사를 보이고, 다음 질문에 좀 더 강한 반응을 보일 수도 있다. 그러나 교사가 제시한 목적이 아동에게 맞지 않다면, 어떠한 인지 반사도 보이지 않을 것이다.

처음 질문은 항상 목적 1인 관심 추구 행동에 관한 것이어야 한다. "혹시 사람들이 너를 주목해 주기를 바라는 것이니?" 또는 "혹시 내가 너를 위해 시간을 좀 더 내주길 바라는 것이니?"

목적 2인 힘 추구는 다음과 같이 질문하면서 확인한다. "혹시 네가 원하는 것을 할 수 있다는 것을 사람들에게 보여주고 싶은 것이니?"(능동적) 또는 "혹시 다른 사람들이 원하는 대로 하지 않겠다는 것을 보여주고 싶은 것이니?"(수동적)

다음 질문은 목적 3인 복수와 관련되며, 다음과 같은 질문으로 드러낸다. "혹시 다른 사람들이 너에게 상처주고 있다고 생각하여, 그들에게 상처를 되돌려줌으로써 네가 얼마나 상처받았는지 보여주려는 것이니?" 또는 "다른 사람들이 너를 공정하지 않게 대한다고 느껴서 복수하고 싶은 것이니?"

마지막 질문은 목적 4인 회피하기와 관련이 있다. 크게 낙담한 아동에게 다음과 같이 질문할 수 있다. "혹시 다른 사람의 기대에 결코 도달할 수 없다고 믿고, 차라리 아무것도 하지 않는 게 더 낫다고 생각하면서 사람들이 너를 혼자 내버려 두기를 바라는 것이니?"

왜 목적이 중요한가

당신이 의사에게 가서 가슴의 통증을 호소한다면, 의

사가 검사하고 문제를 진단하고 당신에게 적절한 치료 계획을 세워주기를 기대할 것이다. 우리 모두는 질병은 다르지만 증상이 같을 수 있음을 안다. 가슴 통증은 소화불량, 폐렴, 심장질환, 또는 불안의 신호일 수 있다. 증상의 원인을 확인하지 않고 증상만을 치료하려고 하면, 잘 치료해도 효과가 없다. 최악의 경우에는 훨씬 더 큰 위험을 초래할 수 있다.

의사와 똑같이 내담자의 잘못된 행동에 효과적으로 대응하려면, 우리는 증상에만 반응하지 않고 먼저 근원적인 문제를 알아내야 한다. 앞의 연필 깎으려는 학생의 예에서 이를 살펴볼 수 있다. 한 아동은 관심의 중심에 서고 싶어서 학급을 방해한다. 또 다른 아동은 자신이 원하는 것을 할 수 있다거나 당신이 원하는 대로 끌고 갈 수 없다는 것을 보여주고 싶어서 학급을 방해한다. 힘을 보여주고 싶은 것이다. 또 다른 아동은 문제를 일으킬 때를 제외하고는 자신의 존재감을 드러낼 수 없기 때문에 파괴적이 된다. 이 아동은 상처를 받고, 복수함으로써 되갚고 싶어 한다. 마지막으로 다른 아동은 어떤 도전도 잘 해낼 수 없다고 생각하고 당신이 자신을 포기하고 요청하는 것을 그만 두기를 바란다. 이 아동은 회피하기 또는 무능력하게 보이기를 통하여 자기 존중감을 보호하려고 한다.

당신이 보듯이 똑같은 행동이지만 그 목적은 서로 다를 수 있다. 목적이 다르면 교정방법도 달라져야 한다. 이 때문에 어떤 기법이 잠시 효과가 있다가도 곧 효과가 없어지기도 하고 또는 어떤 아동이나 학급에는 효과적이나 다른 아동이나 학급에는 효과가 없기도 한다. 따라서 무엇을 해야 하는지 알기 위하여 증상이 아니라 무엇이 근원적인 문제인지를 알아야 한다.

아동은 잘못된 목적을 어떻게 발달시키는가

잘못된 행동의 네 가지 목적은 The Crucial Cs를 얻으려는 잘못된 접근 방법이다. 아동은 시행착오를 하면서 관계를 맺고, 능력이 있고, 중요한 존재가 될 수 있는 방법을 찾으려고 한다. 다양한 행동을 시도하고 효과적인 것은 간직하고 나머지는 버린다.

잘못된 목적 1:
건설적인 관계 형성 대신 관심 요구하기

가장 흔한 오류는 관심을 받을 때 기분이 좋아진다는 것을 아동이 알게 될 때 일어난다. 아동은 관심 받는 것이 소속되고 관계 맺기를 확실하게 하는 좋은 방법이라고 생각할 수 있다. 아동은 이러한 결정적인 시점에서, 소속하기를 확실히 하는 유일한 방법이 다른 사람들이 계속 자신의 요구를 들어주느라 바쁘거나 또는 적어도 다른 일이나 사람을 돌보는 데 분주하지 않게 하는 것이라고 잘못 생각할 수 있다. 이러한 생각은 결과적으로 지나치게 많은 관심을 요구한다. 물론 우리 모두 관심을 필요로 한다. 그러나 독점적이거나 지나친 관심을 요구하는 것은 아동의 기준에서는 합리적이라 할지라도, 현실적이지 않고, 적절하지 않으며, 수용할 수 없다.

건설적인 관계 맺기 대신 관심을 추구하는 아동을 달랠 때, 어른들은 관심이 채워질 수 있는 컵인 것처럼 행동한다. 그리고 관심이 채워지면 아동이 "고맙습니다. 충분해요. 이제 당신 일을 하세요."라고 말할 것처럼 행동한다. 그러나 이 컵은 바닥에 구멍이 나 있다. 우리는 계속해서 더 채우려고 할 수 있지만 결코 그 컵을 완전히 채울 수 없다. 관심 추구라는 잘못된 목적이 있는 아동은 결코 "충분"하다고 하지 않는다. 이미 받은 관심을 곧 잊어버린다. 이는 얻지 못한 관심이 아동에게 중요하기 때문이다. 이미 받은 관심이 전부라면, 아무 일도 일어나지 않을 것이다.

끊임없이 관심을 추구하는 학생을 다루는 것은 우스운 모자를 쓰고 계속 이리저리 뛰어다니는 사람과 진지한 대화를 시도하는 것과 같다(간단히 할 수 있는 일이 아니다). 아동의 산만한 행동이 다른 학생의 잘못된 행동만큼 골칫거리는 아니라 하더라도, 계속적인 방해는 곧바로 짜증나고 거슬리게 한다.

이러한 아동이 학급을 어지럽히고, 물건을 잊어버리고 방해할 때, 우리는 잘못된 반응을 보인다. 우리는 잘못된 행동에 주목하고 아동이 요구하는 관심을 준다. "방해하지 말라고 16번이나 말했잖아." 아동이 16번이나 한 행동은 무엇인가? 우리를 방해했다. 그리고 우리는 16번이나 무엇을 했는가? 아동에게 과도한 관심을 주었다.

우리가 다른 일로 바쁘더라도, 아동 스스로 자신이 중요하다는 것을 배우기 바란다. 아동은 자신의 관계 속에서 안전함을 느끼면 협력을 통하여 자신의 입지를 찾아갈 수 있다. 그러한 방향으로 아동을 이끌어가는 방법은 관심을 추구하는 잘못된 행동은 무시하고 적절한 행동을 할 때 비로소 관심을 보이는 것이다.

모든 잘못된 목적에서처럼, 학생의 관심 추구하기는 교사에게 부정적인 감정을 유발한다. 우리는 아동을 변화시키고 그들이 잘못하고 있음을 깨우쳐 주려는 유혹에 빠진다. 이는 단지 방어적인 태도만 야기할 뿐이며 사태를 악화시킨다. 그보다는 오히려 잘못된 행동에 대한 우리의 반응을 바꿀 필요가 있다. 아동은 어른들이 반응을 보인 행동을 기억하고 간직한다(아동은 어른들이 반응을 보이지 않는 행동은 그만둔다). 관심 추구 행동으로 인하여 성가시고 짜증나는 상황에서는 아동이 다음과 같은 신호를 보낸다고 생각하는 것이 도움이 된다. **"나는 관계를 맺고 싶어요. 내가 좋은 아이라는 것을 알아주세요."**

아동의 행동을 다른 방향에서 바라보기 시작하면, 우리의 반응을 변화시킬 수 있다. 잘못된 목적을 강화시키는 것을 멈출 수 있다. 그리고 아동이 보다 건설적인 방법으로 다른 사람과 관계 맺을 수 있게 이끌어갈 수 있다. 기본 원리는 아동의 목적 이해를 바탕으로 아동의 행동에 대한 우리의 반응을 수정하는 것이다. 학생의 행동을 바람직한 방향으로 바꾸는 효과적인 전략은 다음과 같다.

1. **잘못된 행동에 주는 관심은 최소화하라**. 모든 사소한 잘못을 알아차릴 필요는 없다. 아동은 자신이 원하는 반응을 얻을 수 있는 행동을 반복한다는 것을 잊지 마라. 관심을 끌고 싶어 하는 아동은 무시당하기보다 차라리 질책받으려 할 것이다.
2. **당신이 격려하고 싶은 행동에 주목하라**. 공헌, 다른 사람들과 함께 공부하기, 협력, 그리고 다른 건설적인 행동들에 관심을 가져라.
3. **문제 발생 이전에 행동하라**. 우리는 아동이 적절히 행동하면 내버려 두고, 문제가 발생하면 개입하려고 한다. 그러나 이러한 방법이 논리적으로 보일지 모르나 효과적이지는 않다. 이 방법은 건설적인 행

동에 주목할 기회를 놓치고 잘못된 행동이 관심을 받는다는 생각을 강화한다. 우리는 아동이 관심을 끌려고 하지 않을 때 관심을 주어야 한다.

4. **행동하라, 말하지 마라!** 학급을 방해하기 시작하는 아동이 있다면, 꾸짖으면서 더 많은 관심을 주는 대신, 그 아동에게 다가가 아동의 어깨에 손을 얹고 관계 맺기를 시도하라.
5. **다른 사람에게 도움이 됨으로써 긍정적인 관심을 얻을 수 있는 일거리를 제공하라**—시험지 수합, 크레파스 나누어 주기, 앞에 나와 수학문제 풀기 등. 이러한 기회를 제공하면 학생은 관심을 얻기 위하여 잘못된 행동을 하지 않아도 됨을 배우고, 학생들이 협력적으로 행동할 수 있는 방향으로 이끌 수 있다.

연필 깎기의 사례에서, 교사는 학급 전체에게 다음과 같이 말할 수 있다. "여러분, 10분 안에 마치도록 합시다." 이러한 방식으로 당신은 개인이 아니라 전체에게 공지할 수 있다.

잘못된 행동의 목적 2: 능력 대신 힘의 추구

아동은 자신을 돌볼 수 있는 방법을 여러 해에 걸쳐 시도해 본다. 그러나 이러한 노력은 자기 신뢰로 이어지지 않는다. 예를 들면, 아동이 부모나 손위 형제자매와 자신을 비교해 볼 때 자신의 역량을 스스로 키우고 발달시킬 수 있음을 인식하지 못한다. 아동은 자신이 기대에 미치지 못하고 열등한 위치에 있다고 생각한다. 다른 사람보다 "더 힘 있게" 되기 위해 노력하면서 무력감을 보상하려고 한다.

힘 추구의 첫 번째 신호는 '미운 세 살(terrible two's)' 때 나타난다. 아동은 "싫어.(no)"라는 말의 힘을 처음 경험하고 나면, 기회가 있을 때마다 이 단어를 사용한다. 아동이 이렇게 자율성을 드러내는 첫 신호를 보일 때 부모가 아동에게 부모의 말을 잘 따르게 한다면, 아동 역시 이 세상에서 중요한 사람들은 다른 사람들을 자신이 말한 대로 행동하게 할 수 있다고 믿게 된다. 만약 아동이 다른 사람을 쥐고 흔드는 데 성공하지 못한다고 느끼면, 적어도 다른 사람들 역시 자신을 마음대로 할 수 없다는 것을 보여 주려 할 것이다. 당신의 인생에서 가장 힘 있는 사람을 무찌르는 것보다 더 강력한 것은 무엇일까?

모든 사람은 어떻게 해서든 자신에게 힘이 있다고 느끼고 싶어 한다. 따라서 아동에게 자신의 역량을 개발하고 자기를 신뢰할 수 있는 기회를 주지 않으면, 아동은 '힘 있음' 에 대하여 잘못된 생각을 갖게 된다. 우리는 모두 학생들이 책임감과 유능감을 갖기를 바라지만, 교육과정을 따라야 하고 일상적인 모든 일들을 처리하느라 바빠서 우리 학생들에게 자신에 대해 책임지도록 가르칠 시간이 없다. 학생들에게 의무를 상기시키며 해야 할 것과 하는 방법만을 말하려고 한다. 그러나 이는 자기 신뢰를 키우지는 않는다.

힘을 추구하는 학생을 가르치는 것은 당신과 싸우거나 당신을 이겨먹으려고만 하는 누군가와 관계를 맺고자 노력하는 것과 같다. 우리는 보통 도전적인 힘의 행사에 대해 잘못된 방식으로 대응한다. 이러는 학생에게 화가 나고, "그렇게 하면 안 된다는 것을 그 학생에게 보여주고" 싶어 한다. 물론 우리가 실제로 하고 있는 것은 그 학생에게 우리가 힘이 있다는 것을 알게 하고, 우리를 이기려면 훨씬 더 세져야 한다는 것을 보여주는 것이다. 학생은 잊어버리기, 경청하지 않기, 공부 안 하기와 같은 방법으로 은밀해지거나 수동적으로 저항할 수 있다. 또는 더 작거나 약한 학생들을 괴롭히기도 한다.

이러한 상황에서 우리가 해야 할 일은, 드레이커스가 제안한 것처럼, 학생의 돛에서 바람이 발생하지 않게 하기보다는 학생이 일으킨 바람으로 우리의 돛이 휘날리지 않게 붙들어야 한다(1964, p. 155). 학생은 계속 바람을 일으키려고 할 수 있으나, 우리는 이에 휘둘리지 않을 것이다. 이런 식으로 우리는 학생과의 싸움을 거부하고 학생의 불합리한 요구에 굴복하지 않는다는 것을 보여주어야 한다.

학생이 힘을 행사하는 것을 다른 방향에서 바라보기 시작하면, 우리의 분노는 소멸되기 시작하고 우리의 반응도 전환시킬 수 있다. 아동의 잘못된 목적을 강화하는 것을 멈추고, 유능감을 얻을 수 있는 보다 건설적인 길로 아동을 안내할 수 있다. 다음은 유능감 발달을 위하여 학생의 행동을 바람직한 방향으로 이끌 수 있는 몇 가지 효과적인 전략이다.

1. 학생들이 해야 하는 일보다 당신이 할 수 있는 일을 생각하라.
2. 잘못된 행동을 하는 학생을 훈육할 때, 아동이 아니라 아동의 행동에 초점을 맞추어라. 아동의 행동은 수용될 수 없더라도, 아동은 수용되어야 한다.
3. 일을 키우지 마라. 힘겨루기에 말려들지 마라. 당신이 아동과 싸우게 되면, 아동은 자신의 체면을 지키기 위해 저항할 것이다.
4. 당신이 아동에게 능력이 있음을 신뢰하고 있다는 것을 알게 하기 위하여 학생에게 실제적인 책임을 부여하라. 이런 식으로 아동은 건설적인 방법을 통하여 권한을 부여받게 된다(아동에게 선택권을 주고 의사결정에 참여시켜야 함을 명심하라).
5. 가능하면 언제나 반 전체가 학급 규칙과 그 결과를 논의하고 결정하는 기회를 가져라. 이를 통해, 당신은 학생들이 배척할 권위적 존재로 인식되지 않는다. 만약 학생이 합의된 규칙을 어기면, 이는 교사가 아니라 반 전체에 도전하는 것이다.

연필 깎기 사례에서 교사가 "네가 거기 있으니 말하는데, 선생님을 위해 이 연필들도 깎아 줄래?" 라고 말할 수 있다. 이런 식으로 교사는 학생의 결투를 협력할 수 있는 기회로 바꾸어 놓는다. 학생이 진짜 화난 경우라면 "선생님 것은 선생님이 하세요." 라고 말할 수도 있으나 교사는 이에 대응할 필요는 없다.

잘못된 목적 3:
중요한 존재임을 보여주기 위하여 복수하기

우리 사회에서 아동이 다른 이를 위해 유익한 공헌을 할 기회는 거의 없다. 예전에는 각자가 자신의 역할을 하는 것이 중요했다. 모든 사람의 생존이 이에 달려 있었다(나무를 해오지 않았다면, 불을 피울 수 없었을 것이다. 계란 모으는 일을 잊어버렸다면, 아침을 먹을 수 없었을 것이다). 오늘날, 우리는 아동에게 쓰레기 분리수거와 같은 아주 작은 일을 맡기고, 아동이 이를 잊어버리면 잔소리하면서 할 일을 상기시키기도 하고 그 일을 우리 스스로 하기도 한다. 숙제하기와 준비물, 실내화 챙기기 등과 같은 개인적인 책무도 종종 어른들이 해주는 일이 되곤 한다. 아동이 자신의 공헌을 중요하게 여기지 않고 어른들이 협력하라고 하는 요청마저 단순히 자신을 통제하려는 임의적인 수단이라고 믿는 것은 결코 놀라운 일이 아니다.

아동이 낙담하게 되어 자신이 필요 없거나, 사랑받을 수 없거나, 자신의 생각대로 할 수 없다고 느낀다면, 아동은 복수의 목적으로 나아갈 수 있다. 이 아동은 자신이 중요하다는 것을 증명할 유일한 기회는 자신이 상처를 받은 만큼 다른 사람에게 되갚아주고 상처 주는 것이라고 믿는다.

이런 행동은 무시 받고 학대당하며 억압받은 아동에게서 나타난다. 그러나 복수는 응석받이 아동의 반응이기도 하다. 응석받이 아동은 자신이 특별한 관심을 받을 권리가 있고 특별한 관심을 받지 못하면 자신의 생득권(生得權)을 빼앗아 간 사람을 처벌할 권리가 있다고 믿도록 길러진다.

복수하는 아동은 함께 하기가 가장 어려운 아동이다. 당신이 흥분할 때까지 당신을 밀어붙이고 이렇게 말한다. "봐요. 당신은 날 좋아하지 않잖아요." 교사와 부모는 관심을 조금만 더 주면 이런 아동이 변할 거라고 생각할 수 있다. 하지만 어른들이 관심을 더 많이 줄수록, 어른들이 화나고 상처받아 포기할 때까지 아동은 점점 더 심해진다. 이런 아동을 가르치려는 것은 항상 당신이 상처주기 전에 당신을 붙잡을 준비가 되어있는 '미끼 놓은 쥐덫'을 두른 누군가와 상호작용하는 것과 같다.

당신이 무엇을 해야 할 지 생각해내기 전에, 아동의 목적은 세상이 불공평하다는 것을 증명하려는 것이고 자신이 당한 불공정의 대가로 다른 사람을 처벌하려 한다는 것을 알아차려야 한다. 복수를 다루는 첫 번째 단계는 관계를 다시 설정하는 것이다. 그러나 어른들은 아이들에게 굴욕감을 주거나 그들의 권리를 침해하지 않으면서, 자존감을 유지하고 권리를 보호하는 데에도 신경 써야 한다.

어른에게 상처 주려는 아동을 마주한 어른은, 자신이 받은 상처를 아동에게 되돌려 주고 처벌하고 싶은 마음이 든다. 복수라는 순환 고리에 빠져들지 않는 방법은 아동의 커다란 고통과 낙담을 생각해 보는 것이다. 아동이 다음과 같은 신호를 보내는 것으로 생각해 보는 것은 도움이 된다. **"나는 중요한 존재이고 싶어요. 나에게서 좋아할 만한 것을 찾아보세요. 나는 마음이 아파요."**

당신 자신의 낙담을 이겨내기 위하여, 여기서 제안한 모든 전략의 밑바닥에는 관계 형성의 목적이 기초가 됨을 기억하는 것이 중요하다. 이는 쉽지 않다. 왜냐하면 아동의 목적이 당신이 상관하지 않도록 하는 것이기 때문이다. 아동이 얼마나 잘못되었는지 알게 해주고 싶더라도, 이는 필요하지 않다. 아동은 이미 다른 사람들이 이렇게 느끼고 있다고 확신한다. 당신의 일은 아동에게 그렇지 않다는 것을 확신시키고 아동이 자신을 믿도록 하는 것이다. 이를 위한 한 방법은 다른 동료들(교사, 직원, 경비원)에게 도움을 요청하는 것이다. 이 아동이 위기에 처해 있고 아동을 격려하기 위하여 동료들의 도움이 필요함을 설명하라. 아동에게 긍정적인 말을 건네고 관계를 맺도록 특별히 애써 줄 것을 요청하라. 아동이 그들의 노력을 방해할 수 있음을 알려라. 아동의 드러난 문제행동 이면에 숨어있는 선한 의도를 알아내기 위하여 동료들과 함께 브레인스토밍을 해야 할 수 있다.

당신은 학교의 업무 담당자를 통해 외부 전문가에게

의뢰하거나 심리학자에게 도움을 요청할 수도 있다.

일단 우리가 아동이 깊이 낙담한 상태라는 것을 볼 수 있다면, 우리는 상처받은 감정을 좀 더 견딜 수 있게 된다. 아동이 상처 주는 행동의 맥락을 파악할 수 있다면, 아동이 자신의 인식을 잘못된 방향으로 강화시키는 것을 막을 수 있다. 바로 그때 우리는 아동 자신이 중요한 존재임을 느낄 수 있는 보다 더 건설적인 길로 아동을 안내할 수 있다. 몇 가지 효과적인 전략은 다음과 같다.

1. **아동의 긍정적인 측면의 목록을 작성하라.** 그리고 이를 자주 참조하라. 특히 당신이 상처받아 힘들 때, 동료들과 작성한 목록을 공유하고 목록에 추가해 줄 것을 요청하라.
2. **앙갚음하기, 악화시키기, 굴욕감 주기를 거부하라.** 존중하는 관계를 유지하라. 화가 나기 전에 행동하라. 모든 작은 규칙 위반에 초점을 맞추는 것을 피하라. 다루고자 하는 문제를 신중하게 선정하라.
3. **갈등을 해결하려 하기 전에 냉각기를 두어라.** 당신에게 상처를 주고 있는 아동은 실제로는 자신이 상

처받았다고 느끼고 있다는 것을 상기하라.

4. **다른 사람을 도울 기회를 많이 제공하라**. 그리고 아동의 공헌이 필요하다는 것을 알려주어라. 아동은 무엇이 불평등한지 알고 있다. 그러므로 더 운 없는 사람들을 기꺼이 도우려고 할 것이다.
5. **문제 해결의 책임을 공유하라**. 아동에게 다음과 같이 물어라. "이 상황에서 우리는 무엇을 해야 한다고 생각하니?"

연필 깎기 사례의 경우, 교사는 다음과 같이 말할 수 있다. "네가 시험 치를 준비를 하고 있는 것을 보니 기쁘구나."

잘못된 목적 4: 용기가 부족하여 회피하기

마지막 목적은 실패로부터의 회피와 가장된 무능력이다. 이는 자신이 성공할 수 없고 힘도 없다고 믿는 아동이 보이는 특징이다. 자신의 자존감을 지키는 최신은 다른 사람들이 자기를 포기하게 만드는 것이라고 생각한다. 적어도 굴욕적일 수 있는 상황을 피하려는 것이다. 이 아동의 목적은 다른 사람이 없는데서 고통을 감내하거나 일어날 일에 대해 백일몽을 꾸기 위하여 혼자 있는 것이다. 아동은 다음과 같이 생각할 수 있다. "내가 어리석다는 증거를 당신에게 보여주는 것보다는 당신이 내가 게으르다고 생각하는 것이 더 나아요." 또는 "내가 시도하지 않는다면, 나는 실제로 실패한 사람이 아니지요."

아동은 배경처럼 물러나 있어서 눈에 띄지 않을 수 있다. 이 아동은 과잉행동이나 학습장애로 분류되기도 한다. 진단이 옳은가의 여부는 아동과 상호작용하는 사람들이 절망감을 느끼는 것보다 중요한 것이 아니다. 교사와 부모는 개선 가능성에 대해 낙담하고, 아동의 지도를 포기한다. 아동과 그 주변 사람들의 절망감에 대응하기 위해서는 전문적인 도움이 필요하다. 이러한 아동의 삶에서 희망을 포기하지 않는 누군가가 절실하게 필요하다.

아동과 함께 우리는 격려에 초점을 맞추어야 한다. 아동에게 실제의 세상이 백일몽의 세상보다 더 낫다는 사실을 알게 해 주어야 한다. 백일몽의 세상은 매우 외롭다. 우리는 아동에게 소속감을 주도록 노력하여야 한다.

아동이 사랑받고 있으며, 아동에게도 남에게 내어 줄 수 있는 가치 있는 무언가가 있다는 것을 알게 해야 한다. 성공 경험을 통해 아동은 다시 시도할 용기를 얻기 시작한다(어떤 일을 완수하지 못하는 것은 게으름 때문이 아니라 실패의 두려움 때문이다).

여러분 자신이 희망이 없고 낙담할 때, 다음과 같은 말로 무장한 아동을 상상해보라. **"용기를 주세요. 나를 믿어 주세요. 포기하지 마세요."**

낙담한 아동은 보통 낙담한 어른들로 둘러싸여 있다. 감당할 수 있는 계획을 세우는 것은 아동과 어른 모두에게 격려가 될 것이다. 용기를 북돋우기 위한 몇 가지 전략은 다음과 같다.

1. **실수를 배움의 경험으로 만들어라.** 새로운 기술을 개발하기 위하여 실패의 위험을 감수하는 도전이 필요하다는 것을 알려주고 다음과 같이 물어라. "다음에는 무엇을 다르게 해 볼까?" 당신 자신의 실수 또한 수용하라. 인내심과 경험을 통한 배움의 중요

성을 보여주기 위하여, 아동이 알고 있는 실수를 극복한 사람들에 대한 이야기를 나누어라. 에디슨은 제대로 된 필라멘트를 얻기 위해 9,000번이나 실패했고, 디즈니도 디즈니랜드가 성공하기까지 네 번이나 파산했다는 사실은 좋은 예이다.

2. **성공할 수 있는 상황을 만들어라**. 큰 과제를 기준에 비추어 발전 정도를 살펴보기 쉬운 작은 단계로 나누어라. 필요하면, 격려적인 개인교사를 붙여 주어라.
3. **어떤 노력이나 작은 향상도 알아차려라**. 이는 아동만이 아니라 가족 전체에게 적용되도록 하라. 우리는 때로 완벽한 것만 인정할 뿐이다. 이는 뛰어난 일을 지속적으로 이루는 사람들에게만 격려가 될 뿐이다. 성공할 것 같지 않다고 느끼는 사람은 모두 다 포기할는지도 모른다. 학급에서 각 학생의 향상에 초점을 두되, 이는 자신의 잠재된 가능성을 보여줄 만큼 공부하는 것임을 분명히 하는 것이 중요하다.
4. **긍정적인 자기 대화(self-talk)를 가르쳐라**. 아동들이 자신에 대하여 하고 있는 말을 경청하라. 부정적인 말로 자기 스스로를 낙담시키지 못하게 하라.

"나는 할 수 없어."와 같은 말을 들으면, "이것을 어떻게 해야 하는지 아직 배우지 않았어."와 같이 바꾸어 말하도록 격려하라. "나는 어리석어."라고 말하면, 행위자와 행위를 분리하라. 그리고 다음과 같이 반응하라. "실수하는 것이 곧 네가 어리석다는 것을 의미하지 않아. 실수하는 것은 네가 배우는 중이라는 뜻이야."

5. **포기하지 마라.**

연필 깎기 사례의 경우, 교사는 다음과 같이 제안을 할 수 있다. "네가 풀 수 있는 문제를 하나 고르면 좋겠구나. 나머지 문제는 다음에 이야기해 보자."

우리의 인식 바꾸기

이러한 제안들이 타당한 것이 분명하지만, 실행하기는 쉽지 않다. 학생들의 잘못된 행동을 온종일 접하나 보면, 짜증, 화, 상처, 절망적인 반응을 보이는 것을 피하기

어렵다. 잘못된 행동을 그치게 하는 데 관심을 갖다보면, 결과(consequences)*를 너무 많이 사용하여, 용기를 북돋우고, 관계를 맺고, 협력을 이끌어내려는 장기적인 목적을 더 이상 생각하지 못할 때가 자주 있다.

관심: 우리는 아동의 **관심** 추구가 인정받고, 관계를 맺기 위한 노력이 적절하기를 바란다.

힘: 우리는 아동의 **힘** 사용이 리더십으로 나타나기를 바란다. 우리는 아동이 반항과 저항을 통해서가 아니라 독립과 자기 통제를 통하여 유능감을 발달시키기기를 바란다.

복수: 우리는 아동이 **복수** 대신 모든 사람을 위한 정의와 공정성에 관점을 맞추기 바란다.

회피: 우리는 아동이 일상 과제를 **회피**하는 방식이 아

---

*역주: 아들러심리학에서는 아동의 잘못된 행동을 훈육하는 방법으로 자연적 및 논리적 결과를 제안한다. 이는 아동이 자신의 행동을 자유롭게 선택할 권리는 있으나 자신의 행동에 따르는 (불편한) 결과를 감수하도록 하는 것이다. 자연적 결과는 어느 누구의 개입 없이도 자연적으로 이어지는 불편한 결과를 감수하는 것이다. 논리적 결과는 아동의 행동에 대해 논리적으로 연결되는 불편한 결과를 사전에 합의하고 이를 따르게 하는 것이다. 이에 대해 이 책의 '논리적인 학급 훈육'에서 보다 구체적으로 소개된다.

니라 자기 존중과 용기의 발달을 통해서 자기존중감을 지켜내기 바란다(부록 2 참조).

기억하라: 우리의 목적이 용기를 북돋우고, 관계를 맺고, 협력을 이끌어내는 장기적인 목적을 저버리는 것이 되어서는 안 된다. 왜냐하면 아동은 그의 안전이 이러한 목적에 달려있다고 믿기 때문이다. 우리는 아동을 더 유용하고 건설적인 방향으로 나아가도록 지도하기 위해 노력하여야 한다.

Responsibility in the Classroom

A Teacher's Guide to Understanding and Motivating Students

04. 격려를 통한 자기존중감 발달시키기

자기존중감은 자신의 역량과 가치감, 그리고 변화를 만들어내고 도전을 만나 극복하고 성공과 실패로부터 배우는 능력, 자신과 타인을 존엄과 존중으로 대하는 능력에 대하여 개개인이 가지는 감정과 생각에 기초한다.

우리가 아동의 자기존중감, 동기화, 용기에 긍정적인 영향을 미칠 수 있는 가능성을 높이려면 격려의 기술을 발달시켜야 한다.

격려 vs. 평가적 칭찬

격려는 사람들이 자신의 강점을 알고 자신에 대한 믿음을 키워가도록 도움으로써 용기를 불어넣는 것을 의미한다. 높은 자기존중감은 우리가 열심히 공부하고 계속 노력하면 성공에 필요한 기술을 갖게 될 것이라는 믿음에 관련된다. 과거의 전문가는 아동의 자기존중감을 향상시키기 위하여 칭찬의 가치를 극찬하였으나, 현대의 연구는 칭찬이 '고정 마인드셋(Dweck, 2006)'을 기르는 반대 효과가 있음을 밝히고 있다. 고정 마인드셋은 태어날 때부터 똑똑하거나 재능이 있거나 아니면 그 반대이므로, 당신이 이를 변화시키기 위하여 할 수 있는 것은 거의 없다는 고정관념에 기초한다. 진정한 자기존중감은 '성장 마인드셋'을 필요로 한다. 성장 마인드셋은 노력과 동기화가 성공에 필요한 기술을 발달시킨다는 믿음에 기초한다. 어떤 일을 성공적으로 끝냈을 때만 인정하는 것보다는 향상된 점과 노력을 언급하는 것이 더 격려적이다. 칭찬할 때는 보통 사람들이 생각하기에 누군가가 이미 잘한 것을 언급하게 된다. 이런 방식에는 다음과 같은 몇 가지 문제가 있다.

- 아동이 이미 잘한 일에만 주로 초점을 맞추면, 아동은 성공이 가장 중요한 가치라는 잘못된 생각을 갖게 된다. 아동은 성공이 보장되지 않는 분야에서는 어떠한 일도 하지 않기로 마음먹을 수 있다. 또한 실패할 가능성이 있다면 어떤 기회라도 회피하려 한다. 왜냐하면 실패는 당신이 "훌륭하기에는 부족하다"는 의미이기 때문이다. 그러나 일반적으로 진정한 성공이란 더 나아지기 위하여 요구되는 노력을 기꺼이 다하려는 마음에 달려 있다.
- 격려적인 자기 평가보다 어른의 생각에 초점을 두면, 실제로는 아동들에게 다른 사람의 의견에 의존하도록 가르치는 것이다. 아동이 우리를 기쁘게 하려고 노력할 때, 우리는 이를 좋아한다. 하지만 아동이 친구의 인정을 얻는 데 더 관심을 보이면, 우리는 노래의 압력을 걱정한다.
- 칭찬이 계속 이어지지 않으면, 아동은 이를 실패로

간주하거나 자신이 훌륭하기엔 부족하다는 증거로 여긴다.

격려	평가적 칭찬
• 태도	• 언어적 보상
• 과제 또는 상황 중심적	• 사람 중심적
• 노력이나 향상 강조	• 남들보다 뛰어남으로써 얻게 됨
• 과제 수행 중에 주어짐	• 일이 잘 되어가거나 완성되었을 때 주어짐
• 수용을 보여줌	• 판단적임
• 독립을 키움	• 의존을 키움
• 자기 평가 강조	• 다른 사람의 의견 강조
• 자기존중감 발달	• 자의식 발달

05. 아동이 The Crucial Cs를 느끼도록 돕기

학생을 격려하고 자기존중감을 기를 수 있게 돕는 최선의 방법은 건설적인 수단을 통해 The Crucial Cs를 느끼게 하는 것이다. 다음은 유용한 몇 가지 방법이다.

유대감을 갖도록 돕기

1. 협력적 상호관계의 기회를 많이 제공하라.

A. 학급회의에서 학급의 규칙을 정하고 문제를 해결

하라.

B. 협력적인 게임, 놀이, 노래, 창의적인 연극을 사용하여라.(돕는 것이 속임수를 쓰는 것으로 비춰지지 않아야 한다.)

C. 모둠 프로젝트를 활용하라. 다양한 모둠이 모임을 갖거나 학급을 위한 깜짝 이벤트를 하도록 지도하라.

D. 집단정체감을 개발하라.(현수막, 노래, 축하행사, 학급 일기 만들기)

E. 협력적인 학습활동을 활용하라.

2. 학생 개개인에게 관심을 보여라.

A. 이름을 불러 주며 각 학생을 맞이하라.

B. 학생의 기분을 알아차려라. —"힘든 하루를 보낸 것 같구나. 무슨 일인지 이야기해 줄래?" "오늘은 기분이 정말 좋아 보이네. 무슨 일이 있었어?"

C. 교실 안팎에서 학생과 담소를 나누고, 때로는 점심을 함께 먹어라.

D. 취미, 가족, 여행, 그 밖의 관심사를 알아보아라.

E. 각 아동이 학급 회의에서 함께 하거나 다른 친구

들에게 함께 하는 기술을 가르치도록 요청하라.

3. 긍정적인 관심을 주어라.
   A. 매주 1~2회 아동들이 특별 면담 신청을 할 수 있는 시간을 마련하라.
   B. 당신이 바쁠 때 아동이 당신의 관심을 원하면, 대화할 시간을 따로 약속하라.
   C. 학생의 완벽한 작품만이 아니라 다양한 작품을 게시하라.

4. 학생들의 강점과 재능을 찾고 인정하라.
   A. 강점을 찾아라. —학업뿐만 아니라 기계를 잘 다루거나 예술적, 운동적, 창의적, 사회적인 강점들을 찾아라.
   B. 재능 스카우트가 되어라. —아동이 잘하는 것을 찾아내고 그 활동에 사용된 기술을 알려라. 그 다음에 이 기술들이 다른 영역에서 어떻게 사용되고 있는지 보여주어라. 예를 들면, 수학을 잘하기 위해서는 무엇이 필요한가? 논리성, 약간의 기억력, 집중

력, 연습, 인내력, 깊은 탐구력. 이러한 기술은 던전 앤드래곤 게임, 운동, 다른 취미활동에도 똑같이 필요하다.

C. 오래된 노래에서 제안하듯이, "긍정적인 것을 강조하고, 부정적인 것은 제거하라."

5. 수용하고 있음을 보여라. —행위와 행위자를 분리하라.

A. 긍정적인 행동과 부정적인 행동 모두에서 같은 원칙을 적용하라.

B. 구체적으로 표현하라: 네가 ________을(를) 다루는 방식이 마음에 들어. 네가 ________때문에 ________할 때 좋았어. 네가 ________(를) 할 때, 나는 ________ 하기 때문에 ________을(를) 느껴.

6. 결석한 학생에게 카드, 메시지, 숙제 등을 보내라.

7. 학급 회의와 Open Cricle[**]활동을 하라.

[**] 역주: Wellesley 대학의 Stone Center에서 개발한 사회적 · 정서적 학습

능력감을 갖도록 돕기

1. 실수를 배움의 경험으로 만들어라.

A. 개학 첫째 날 다음과 같은 논조로 질문하라. "올해 자신이 실수할 것이라고 생각하는 사람은 얼마나 될까? 누군가 실수하면, 우리는 어떻게 해야 할까? 질문을 받을까봐 그리고 정답을 모를까봐 걱정하는 사람은 누구지? 누군가 실수할 때, 그 사람을 몇 번이나 놀려야 할까?"

B. 실수로부터 배움을 보여주어라. "그것으로부터 무엇을 배웠니? 다음에는 무엇을 다르게 해볼래?"

C. 피아제의 충고를 따르라. ―대답 뒤의 논리를 찾아라. 아동이 그런 식으로 대답하는 이유를 찾아라. (대답이 틀릴 수 있으나 비논리적이지는 않다.) "어떻게 이런 답을 알아냈지? 선생님이 무슨 뜻으로 말했다

프로그램이다. 유치원부에서 초등학교 5학년까지의 학생을 위해서 일주일에 두 번, 15분 동안 활동할 수 있도록 학년별로 교육과정이 마련되어 있다. (www.open-circle.org)

고 생각하니? 선생님이 ~라는 뜻으로 말했다고 생각하면, 너는 어떻게 말했을까? 네가 그렇게 했다면, 어떤 일이 일어났을 거라고 생각했니? 새롭거나 놀랄만한 것을 배웠니? 다음에는 어떻게 할 거니?"

D. 실수에 대한 당신의 반응 방식을 주목하라. 아동이 다시 시도할 기회를 주는 것, 힌트를 주는 것, 대안을 제시하는 것은 실수가 학습과정의 한 부분임을 알리는 것이다. 즉각 다른 학생에게 시키는 것은 실수가 실패이고, 과정보다는 수행결과에 관심이 있다는 메시지를 전달하는 것이다.

E. 분석적 능력, 비판적인 사고, 좋은 판단력, 노력, 향상된 점을 찾아보라. 얼마나 가야 하는지가 아니라, 얼마나 와 있는지를 살펴보라.

F. 실수가 아니라 노력에 집중하라. 아동이 새로운 것에 도전하기를 바란다면, 실수를 기꺼이 수용할 필요가 있다. 창조적인 아이디어들은 소위 실수를 바탕으로 탄생한다.

G. 시험지를 채점할 때 잘한 것에 집중하라. 시험지에 정답 점수를 기입하라.(예: −30 대신 +70)

2. 자신감을 키워라.

A. 완벽함보다는 향상에 초점을 맞추어라.

B. 공헌을 알아차려라.

C. 강점에 기반을 두어라.

D. 학생을 믿어라.

(1) 실현가능한 기대를 하라.

(2) 과제가 능력의 범위 내에 있으면, 끙끙거리면서 해내도록 내버려 두어라. 미안하게 느끼거나 도와주지 마라. 둘 다 존중하지 않고 낙담시키는 것이다.

(3) 상황의 어려움을 인정하라.

(4) 과거(옛 행동의 반복을 예상함)나 미래(아동은 자신에게 유지할 수 있는 능력이 있는지를 걱정함)가 아니라, 현재에 초점을 두어라.

E. 성공한 일을 분석하여 무엇을 잘 했는지 알아보아라. 아동의 방식이 왜 성공적이었는지? 다른 사람들에게도 도움이 될 것 같은지?

F. 반드시 성공하게 하라. —큰 과제를 더 작고 더 다루기 쉬운 과제로 나누어라. 성취 경험을 반복할 수

있는 기회를 주어라.

3. 학급 회의와 Open Circle 활동을 하라.

중요함을 느끼도록 돕기

1. 공헌을 통해
   A. 학급에 도움이 되는 기회를 제공하라.
      (1) 의미 있는 일을 제의하라. 책임 있는 역할을 담당하게 하라.
      (2) 프로젝트의 선택권을 제공하라. ― 브레인스토밍하기:
         (a) 우리는 무엇을 할 수 있을까?
         (b) 이를 하려면 무엇이 필요할까?
         (c) 필요한 것을 어떻게 얻을 수 있을까?
         (d) 누가 어떤 역할을 맡을까?
      (3) 학생과 함께 일정을 짜라(과제 내기와 시험보기를 금요일에 할지, 월요일에 할지 등).

(4) 학생과 함께 규칙을 만들어라.

(a) 도움이 되는 행동—교실 생활을 즐겁고 편안하게 만드는 행동

(b) 해가 되는 행동—다른 사람들이 놀고, 참여하고, 배우고, 안전하게 느낄 권리를 방해하거나 막는 행동(Albert, 1989)

B. 서로를 돕도록 하라. 또래 교수를 활용하라.

(1) '내가 가르쳐 줄 수 있는 것들'과 '내가 배우고 싶은 것들'에 관한 목록을 작성하라.

(2) 아동이 배우고 싶어 하는 것들을 브레인스토밍하라: 뜨개질, 점토, 줄넘기, 농구 등

(3) 누가 특별한 기능이 있는지 물어보거나 확인하라.(교사가 소중한 재능을 알아봄으로써 낙담한 아동을 격려할 수 있다.)

C. 지역 사회에 도움이 되도록 하라.

(1) 자선운동, 마을 쓰레기 줍기 등

(2) 보육원이나 쉼터를 정기적으로 방문하여 자원봉사

(3) 더 어린 아동을 개인교습하기

(4) 학교 차원의 의사결정과 문제해결에 참여하기

2. 인정을 통하여

A. 인정 상자—자신의 자랑할 만한 일이나 다른 사람들의 긍정적인 모습을 카드에 (기명 또는 익명으로) 적어낸다.

B. 학생들이 정기적으로 자신을 평가하여, 목표를 세우고, 향상을 점검하도록 요청하라.

C. 학급회의에서 감사와 찬사를 보내라.

D. 부모가 아동의 향상과 지속적인 노력을 알 수 있게 부모에게 격려의 알림장을 보내라.

3. 학급 회의와 Open Circle 활동을 하라.

용기가 발달하도록 돕기

1. 불완전할 용기를 가져라. 자신이나 타인에게 완벽함을 기대하지 마라.

2. 약점이 아니라 강점을 언급하라.

3. 다른 사람과 비교하지 마라.

4. 다음을 위하여 "이해하니? 도움이 필요하니? 이것이 너의 뜻이니?"와 같이 질문하라.
   A. 적극적 참여를 격려하기
   B. 아동이 이해한 바가 당신과 같은지 알아보기
   C. 어떤 부분에서 도움이나 교정이 필요한지 알아보기

5. 당신 자신에게 다음과 같은 질문을 하라.
   A. 나는 학생의 자기 평가를 고취하는가, 아니면 타인의 평가에 의존하게 하는가?
   B. 나는 학생을 존중하는가, 아니면 무시하며 가르치려고 하는가?
   C. 나는 학생의 관점을 알아차리는가, 아니면 나의 관점만 보는가?
   D. 나는 이것을 동료에게 말하는가?

6. 도움을 약화시킬 수 있는 다음과 같은 행동은 피하라.

A. 잘못된 행동을 적절하게 조치하지 않고 간과하기

B. 아동이 스스로 할 수 있는 일을 대신해 주기

C. 행동의 불편한 결과(consequences)로부터 아동을 구해내기 (우리는 상황이 위험하거나 결과가 심한 낙담으로 이어질 때만 개입해야 한다. 그러나 불편함은 위험한 것이 아니다!)

7. 비난을 피하라.

A. 당신이 말하는 것을 학생들이 저항 없이 듣기를 바란다면, 학생과 좋은 관계를 가져야 한다. (그렇다 하더라도, 이는 어려운 일이다.)

B. 학생의 요구가 무엇인지 확인하라. 격려를 원하는지 아니면 교정을 원하는지? 아이디어에 대한 피드백을 원하는지 아니면 아이디어를 얻기 원하는지? 자신의 셔츠 뒤에 구멍이 났는지를 묻고 있는지 아니면 자신의 옷이 어울리는지를 묻는 것인지?

8. 학급 회의와 Open Circle 활동을 하라.

06. 논리적인 학급 훈육

학교는 가정과 마찬가지로 아동을 책임 있는 시민으로 교육할 의무가 있다. 아동은 진정한 자유란 사회적 질서 안에서만 존재한다는 것을 배울 필요가 있다. 루돌프 드레이커스는 다음과 같이 말했다. "자유는 민주주의의 한 부분이다. 그러나 우리가 타인의 자유를 존중하지 않으면 자유를 누릴 수 없다는 점을 잘 인식하지 않는다. 모든 사람이 자유를 누리기 위하여, 우리에게 질서가 있어야 한다. 이 질서에는 어느 정도의 제한과 의무가 따른다. 또한 자유는 책임을 의미한다(1964, p. 9)." 명확한 제한이 없으면 아무도 안전하다고 느낄 수 없다. 선택의 기회가 없으면, 아무도 자유로울 수 없다. 난간이 없다면, 금문교를 건너는 것이 얼마나 무서울 지 상상해 보라. 난간에 부딪치지 않으려고 애쓰더라도, 난간이 거기에 있다는 것을 알기 때문에 안전함을 느낀다.

우리는 학생에게 자기 행동의 결과를 경험하고, 실수를 통해 배울 수 있는 기회를 주어야 한다. 가르치기, 경고하기, 벌주기는 역효과를 가져오고 학습과정을 방해할 수 있다. 잘못된 행동에 대한 우리의 반응 때문에, 학생은 화나고, 상처받고, 산만해져서, 자신의 행동이 부적절하고, 위험하고, 비효과적이라는 진짜 교훈을 놓칠 수 있다. 또한 학생은 잘못된 행동을 하지 않아야 하는 유일한 이유가 그 행동이 우리를 화나게 하기 때문이라고 생각하거나 당신에게 걸리지만 않으면 잘못된 행동을 해도 괜찮다고 생각할 수도 있다.

학생에게 항상 행동과 결과 간의 관계를 강조하여 가르쳐야 한다. 따라서 벌과 논리적 결과를 구별하는 것이 도움이 된다. 벌은 임의적인 결과이며, 신체적 또는 심리적으로 불편함이나 고통을 줌으로써 가르치고자 하는 것이다. 이는 자신의 행동에 따른 고통을 당함으로써 가장 잘 배울 수 있다는 가정에 근거한다. 반면 논리적 결과는 자신의 행동의 결과를 경험함으로써 가장 잘 배울 수 있다는 가정에 근거를 둔다.

훈육의 목적은 아동이 자기 훈육, 자기 통제를 하도록 안내하는 것이다. 해야 할 일과 하지 말아야 할 일을 알

결과와 처벌의 주요한 차이점

	처벌	논리적 결과
교사	• 임의적 힘 • 외부의 통제	• 협력 • 자기 훈육
어른의 감정	화	우호적, 관심 있는
어른의 행동	• 상처주기 • 임의적 • 때론 충동적	• 동의를 구함 • 행동과 관련 있음 • 사려 깊고 신중함
어른의 초점	• 과거(일어난 일) • 할 수 없는 일	• 미래(필요한 일) • 할 수 있는 일
아이의 감정	비하, 열등한	할 수 있는, 존중받는
아이의 기억	불공정, 굴욕감	• 개인적 공헌 • 행동과 결과 간의 관계
목적	타인 통제	자기 통제

도록 돕는 것이며, 아동이 무엇을 선택하든지 이에 대한 책임감을 갖도록 하는 것이다.

논리적 결과는 다음의 3R 검사를 통과하여야 한다.

1. 잘못된 행동과 논리적으로 **관련**(Related)이 있어야 한다.
2. 어떠한 굴욕감도 주지 않기 위하여 **존중**(Respectful)하여야 한다. 그리고 단호하고(자기 존중 보여주기) 친절하여야(아동 존중 보여주기) 한다.
3. 어른뿐만 아니라 아동도 논리적으로 이해 가능한 **합리적**(Reasonable)인 내용이어야 한다. 가혹하거나 화가 올라있는 상태에서 처리할 경우 항상 처벌로 인식된다.

07. 학급회의: 위험한 세상에서 잘 성장하도록 준비시키는 중요한 도구

교사는 더 이상 학교가 당연히 존중받고 학업에만 집중할 수 있는 안전한 보호구역인 것처럼 행동할 수 없다는 점이 보다 분명해졌다. 학교에서 최근에 발생한 끔찍한 총기사고로 따돌림, 괴롭힘, 부적절감, 그리고 사회적 기술 부족의 문제들을 우선적으로 다루어야 할 필요성이 대두되었다. 이런 고통스러운 문제들은 학생의 학습 능력과 교사의 교수 능력에 심각한 영향을 준다.

좋은 소식은 정기적으로 열리는 학급회의는 교사에게 학생들의 심정 변화를 알 수 있게 해줄 뿐만 아니라, 학생들이 훨씬 더 위험해진 세상을 헤쳐 나가는 데 필요한 생각과 기술을 길러가는 동안 갖게 되는 감정을 중화시킬 기회를 준다는 것이다. 게다가 The Crucial Cs를 내면화하고 의사소통의 핵심 기술을 발달시킨 아동은 책임감을 받아들이고 자기 훈육과 좋은 판단을 하면서 더 성공적인 학교생활을 한다. 또한 사회에서 책임 있고 공헌하는 시민이 되기 위하여 필요한 자질을 갖추게 된다.

집단토론과 학급회의는 사회 논리와 민주주의 원리를 가르칠 수 있는 최상의 수단이다. 이러한 기술들은 학업의 성공에도 필요하기 때문에 여기에 들이는 시간은 충분한 가치를 지닌다.

학급회의

학급회의의 형식은 다양한 목적을 위하여 이용될 수 있다.

1. **찬사와 감사의 말 전하기.** 유쾌한 소통 분위기를 만

들기 위해 학급회의를 시작하면서 찬사와 감사의 말을 전한다. 비난과 불평은 대부분의 학교에서 흔한 일이다. 학급 분위기를 바꾸고 싶다면, 학생들에게 서로를 깎아 내리기보다는 서로를 치켜세우는 방법을 가르치는 것으로 시작할 수 있다.

사람의 강점을 말하는 것은 자신감과 용기를 기르는 중요한 부분이다. 우리는 우리 자신이 이미 성공한 사람만을 칭찬하고 있음을 자주 발견한다. 계속해서 잘못된 행동을 하는 아동은 자신이 잘한 것에 대해 말하는 사람을 거의 보지 못한다. 아동은 낙담하게 되어 다른 사람이 자신을 알아차리도록 하는 유일한 방법은 문제를 일으키는 것이라고 생각하게 된다.

2. **학급규칙을 함께 세우기.** 교사는 학생들이 규칙의 중요성에 대해 토의하도록 리드할 수 있다. (규칙이 없으면, 무슨 일이 생길까? 규칙은 언제 도움이 될까? 규칙은 언제 방해가 될까? 규칙이 불공정하다고 생각하면, 어떻게 할까?) 이러한 토의는 무정부상태, 군주제,

독재와 민주주의 간의 차이점, 그리고 우리가 각 체제에서 산다면 어떤 느낌일 것인지와 같은 주제로 사회 교과와 관련 지을 수 있다.

학생들이 어떠한 규칙을 추가 제안하더라도, 사회적 삶의 논리라고 할 수 있는 두 가지의 중요 원칙을 생각하게 해야 한다.

A. 자기 자신과 타인을 존중하기

B. 서로에게 도움이 되기

3. **문제 다루기**. 학급회의는 각각의 학생이 도움을 받을 수 있고 다른 사람을 도울 수 있는 자리여야 한다. 걱정과 갈등이 회의의 안건이 될 수 있다. 드레이커스는 다음과 같이 말한다(1957, p.185). "중요한 것은 책임의 공유, 안건이 된 문제를 충분히 생각하는 과정, 그리고 대안의 탐색이다. 책임의 공유는 '우리는 그 문제에 대해 무엇을 할 수 있을까?'라는 질문으로 가장 잘 이루어진다."

4. **심사숙고하도록 격려하기**. 교사는 학급회의 시간을

이용하여 아동이 더 큰 쟁점에 질문을 던져 논의하고 행동에 대해 생각해보고 타인의 의견을 들을 수 있는 안전한 장소를 제공할 수 있다. 다음과 같이 질문할 수 있다. 사람들은 왜 다른 사람들을 괴롭힐까? 모든 친구들이 네가 옳다고 생각하지 않는 것을 하도록 부추긴다면 어떻게 할래? 무엇이 또래압력이지? 또래압력이 왜 먹혀들까? 함께 하고 싶지 않으면 어떻게 할까? 누군가가 다른 사람을 괴롭히는 것을 봤다면, 너는 어떻게 했을 것 같니? 이러한 질문으로 교사는 학생의 생각에 대한 귀중한 통찰을 얻게 된다.

5. **정보 공유하기**. 앞으로의 행사, 학급 여행, 생일 축하 등을 논의하기 위한 시간을 따로 마련한다. 학생의 책임 의식을 증진하기 위하여, 학생들이 의사결정 과정에 참여하도록 한다. 이를 위한 한 방법은 학생들이 시험, 과제, 프로젝트 등의 스케줄을 잡는 데 참여하게 하는 것이다. 학생들이 시험이나 프로젝트의 시행여부를 결정하지는 않더라도, 언제 시

행할 것인지를 결정하는 데(예: 주말 전이나 후 또는 휴일에) 참여시키는 것은 도움이 된다.

6. **학급과 학교에 대한 공헌 방안을 결정하기**. 학급회의는 1인 1역할을 결정하거나 바꾸는 시간이기도 하다. 또한 학생은 학교사회에 도움이 되는 방안을 토의할 수도 있다(또래교수, 청소, 꽃 심기, 지역사회 봉사활동 등).
   정기적으로 열리는 학급회의에서 학생들은 경험하고 관찰하면서 다음과 같은 유용한 방법을 통해 The Crucial Cs를 발달시키는 데 필요한 모든 인식, 기술, 능력을 직접 배울 수 있는 기회를 갖는다.

- **관계**. 각 개인은 학급의 구성원으로서 학급 과정을 책임지는 기회를 갖는다. 각 학생은 수용이 보장되고, 자신의 말을 경청하고 진지하게 받아들여지는 기회를 보장받는다.
- **능력**. 학급회의의 찬사, 감사, 문제해결, 의사결정 요소에서 강점이 언급되고 모든 학생이 자신에게 능력

이 있음을 알아차리도록 돕는다.

- **중요.** 학생은 자신이 한 행동이 영향력이 있다는 것과 필요한 공헌을 할 수 있다는 것을 알아차릴 수 있다.
- **용기.** 문제를 해결하고 성과를 평가하는 과정을 통해 학생은 자신의 문제를 공개적으로 토의하고, 자신의 실수로부터 배우고, 다시 시도할 수 있음을 배운다.
- **의사소통.** 모든 사람에게 말하고 들을 수 있는 기회가 주어진다. 말을 가로막지 않도록 하여 타인을 경청하고 존중하는 법을 가르친다. 모든 사람은 다른 사람이 생각과 감정을 어떻게 나누는지를 듣는다. 타인에게 경청하도록 요청하는 방식에서 아동이 의사소통 방법을 배울 수 있도록 협력, 공감, 존중, 협상의 본보기를 보이고 연습한다.
- **좋은 판단.** 학급 구성원은 자신이 한 경험의 의의를 토의한다. 문제를 확인하고 분석하며, 다양한 해결책을 시도한다. 그들이 각 구성원에게 어떤 영향을 미칠 것인지 알아보고 자신과 타인을 존중하는지를 점검한다. 선택권이 주어지고 결과는 경험된다.

- **책임감.** 모든 사람에게 학급에 공헌할 기회가 주어진다. 모든 학생은 번갈아 가며 학급회의를 진행하고, 과정을 메모하며, 회원 역할에 참여한다. 모든 사람에게 선택, 결과, 자유, 제한이 주어진다. 모든 사람이 해결책을 내도록 촉구한다.
- **자기 훈육.** 규칙과 결과의 결정에 모든 사람이 참여한다. 모든 구성원은 자신의 행동 결과를 경험하게 된다. 모든 사람은 피드백을 주고받는다.

메더-플랫 학급회의 모형

메더(Frank Meder)는 초등학교 교사였고 인턴 트레이너다. 플랫(Jonh Platt)은 상담자다. 이들은 캘리포니아 새크라멘토에서 효과적인 학급회의 모형을 개발하였다.

학생들에게 학급에 비치된 안건기록부에 다루고 싶은 문제나 안건을 적도록 한다. 일주일에 두 번 정해진 시간에, 학생들은 동그랗게 둘러앉아서 문제를 다룬다.

학급회의는 다음의 단계를 따른다.

1. 찬사와 감사의 말

학생들에게 찬사와 감사의 말을 하면서 다른 사람을 격려하는 방법을 가르친다. 교사는 원 주위를 돌다가 손을 들어 찬사와 감사를 전하고 싶어 하는 다른 학생이나 모둠을 호명한다. 찬사 또는 감사의 말을 들은 학생은 "고마워" 또는 "천만에"라는 말로 응답한다.

2. 문제

a. 안건기록부를 이용하되, 교사는 안건기록부에 있는 첫 번째 사람을 호명하고, 그가 제안한 문제를 읽고 나서 다음과 같이 묻는다: "짐, 이 안건이 여전히 중요하니?" 만약 짐이 "아니오."라고 하면, 교사는 다음 안건으로 넘어간다.

b. 만약 짐이 "예."라고 하면, 교사는 문제를 안건으로 채택하고 계속해서 학급 전체에게 다음과 같이 묻는다. "이런 일이 일어나면 이를 좋아하는 사람은 몇 명이나 될까?" 그리고 "이런 일이 일어나면 이를 좋아하지 않는 사람은 몇 명이나 될까?"

이와 같은 빠른 의견 수집은 사회적으로 수용되거나 또는 되지 않는 행동에 대하여 집단의 의견을 조사하는 즉각적이고 강력한 방법이다. 교사에게 비판받는다는 느낌 없이, 학생은 어떤 행동이 다른 사람에게 어떻게 영향을 미치는지 알 수 있다.

c. 누군가에 대한 불평이 제기되면, 해당 아동에게 "수지야, 이 문제가 어떻게 처리되어야 한다고 생각하니? 좋은 생각 있니?" 라고 묻는다.

이 질문은 결정사항에 영향 받을 사람에 대한 존중을 보여준다. 어느 누구도 책임지는 것으로부터 제외되지 않는다. 이 학생은 적절한 결과에 대한 의견과 판단을 공유하도록 초대받는다.

d. 수지가 의견을 내면, 학급 전체에게 다음과 같이 묻는다. "이 의견이 도움이 되는 의견이라고 생각하는 사람은 몇 명이니?" 대다수의 학생이 이 의견을 받아들일 수 있다고 생각하면, 이 의견은 채택된다.

그렇지 않으면, 학급 전체에게 "이 의견이 도움이 되지 않는 의견이라고 생각하는 사람은 몇 명이니?" 라고 묻는다.

e. 수지의 의견이 받아들여지지 않으면, 짐을 향하여 수지에게 도움이 되는 권고할만한 의견이 있는지 묻는다. 그 다음 학급 구성원으로부터 다른 가능한 대안을 끌어낸다. (해결방안을 찾기 위하여 사건과 관련되고, 합리적이고, 존중하는 의견을 제안하도록 학급을 훈련한다. 모든 제안은 학생들이 자신의 행위에 대해 책임지도록 돕는 것이어야 한다.) 안건 처리를 계속하기 위하여, 고려할 제안은 보통 5개를 넘지 않도록 접수한다.

f. 제안을 읽고, 수지에게 가장 도움이 될 것으로 생각되는 안을 결정하기 위하여 학급 전체에 물어보고 투표한다. 가장 많은 표를 받은 의견이 채택된다.

g. 해결안은 언제 적용할 것인지에 관한 선택권을

수지에게 준다. 예를 들어, 해결안이 운동장에서 있었던 부적절한 행동 때문에 수지가 쉬는 시간을 한 번 거르도록 하는 것이라면, 교사는 수지에게 다음 쉬는 시간을 거를 것인지 아니면 그 다음 쉬는 시간을 거를 것인지 묻는다. 이는 수지가 폄하되거나 무시되거나 또는 수지에게 영향을 줄 어떤 단계로부터도 배제되지 않는다는 것을 확실히 보여주는 길이다.

h. 다음으로 수지가 이 문제를 다시 일으키지 않도록 하기 위하여 수지에게 조언할 사람이 있는지 전체에게 묻는다.

학급회의를 하는 메더-플랫 모형을 설명하는 비디오와 훈련지침을 'Dynamic Training & Seminar'(8902 Quartzite Circle, Granite Bay, California 94746 Telephone 800-262-4387)에서 구입할 수 있다.

부록 1 The Crucial Cs

관계(connect)
나의 자리가 있다고 믿을 필요가 있다. 나는 소속되어 있다.

능력(capable)
나는 할 수 있다고 믿을 필요가 있다.

중요(count)
나는 영향력이 있다고 믿을 필요가 있다.

용기(courage)
나는 무엇이 일어나도 감당할 수 있다고 믿을 필요가 있다.

소속감을 느낄 때, 우리는	소속감을 느끼지 못할 때, 우리는
느낌: 안전함 행동: 손 내밀기, 친구 사귀기, 협력하기	느낌: 불안전함, 고립됨 행동: 또래압력에 예민함, 부정적인 방법으로 관심을 받으려고 하기
필요한 것: 의사소통 기술	
능력을 느낄 때, 우리는	능력을 느끼지 않을 때, 우리는
느낌: 유능감 행동: 자기통제력 보이기, 자기 신뢰 발달시키기	느낌: 부적절함 행동: 타인을 통제하기 또는 반항하기, 의존적으로 되기, 힘 추구하기
필요한 것: 자기 훈육	

자신이 중요하다고 믿을 때, 우리는	자신이 중요하다고 믿지 않을 때, 우리는
느낌: 소중함 행동: 공헌하기	느낌: 하찮음, 상처받음 행동: 상처를 되갚거나 자신의 고통을 보여주기, 복수 추구하기
필요한 것: 책임감 받아들이기	
용기가 있을 때, 우리는	용기 없을 때, 우리는
느낌: 평등, 확신, 희망적 행동: 도전을 직면, 기꺼이 시도, 회복탄력성 발달시키기	느낌: 열등감, 패배감, 절망감 행동: 포기하기, 회피하기
필요한 것: 좋은 판단	

부록 2 The Crucial Cs와 드레이커스의 잘못된 행동의 목적

아동의 믿음	아동의 감정	아동의 부정적 목적	어른의 감정	어른의 충동
• 나는 주도받을 때만 중요하다.	• 불안전함 • 소외감	관심끌기	• 귀찮은 • 짜증난	상기하기 뭐야? 또?
• 나의 강함은 당신이 나를 마음대로 할 수 없고, 나를 멈추게 할 수 없다는 것을 보여주는 데 있다.	• 부적절함 • 의존적인 • 다른 사람을 통제하는	힘겨루기	• 화난 • 도전받는	싸우기 내가 말한 대로 행동하기를 고집한다.
• 나는 당신이 나를 반대한다는 것을 안다. • 아무도 나를 진정으로 좋아하지 않는다. • 그게 어떤 기분인지 보여주겠다.	• 중요하지 않은	복수하기 • 되갚기 • 앙갚음 하기	• 상처 입는 • 처벌하고 싶은	처벌하기 • 너는 어떻게 나(우리, 그들)에게 이럴 수 있니? • 나는 너에게 교훈을 가르칠거야.
• 나는 어떤 것도 제대로 할 수 없으니까 시도하지 않겠다. • 내가 시도하지 않으면 실패도 드러나지 않을 것이다.	• 열등한 • 쓸모없는 • 희망 없는	회피하기 • 무능해 보이기	• 절망 • 포기 • 희망없음	포기하기 • 아무 소용이 없어.

교정에 대한 아동의 반응	The Crucial Cs	건설적 대안	아동의 믿음	아동의 감정	아동의 긍정적 목적
• 일시적으로 멈춘다.	관계	• 부정적인 관심을 긍정적인 관심으로 대체하라. • 함께 활동 계획을 수립하라. • 아동을 무시하지 말라: 잘못된 행동을 무시하라. • 자족(自足)을 가르쳐라.	나는 소속되어 있다.	안전한	협력
• 잘못된 행동이 심해진다.	능력	• 이기려고 하지 마라. • 기회와 선택권을 주어 아동이 건설적으로 힘을 발휘하게 하라. • 우호적인 태도를 유지하라.	나는 할 수 있다.	• 유능 • 자기 통제	자기 신뢰
• 복수하고 싶어함 • 다른 사람이 자신을 싫어하게 만듦	중요	• 분노와 상처받은 감정을 피하라. 관계에 고마워하라. • 도울 수 있는 기회를 제공하라. • 긍정적인 것을 확인하면서 지원과 도움을 청하라. (포기하지 말라.)	나는 중요하다. 나는 영향을 미칠 수 있다.	• 중요한 • 가치있는	공헌
• 수동적 • 변화 없음 • 더 절망적 • 무능해 보이기	용기	• 강점만 알아차리고 부정적인 면은 무시하라. • 성공이 보장되고 감당할 수 있는 과제를 꾸준히 제공하라. • 비난하지 말라.	나는 나에게 오는 어떤 것도 다룰 수 있다.	• 희망적인 • 기꺼이 시도 하는	회복 탄력성

부록 3

교사 질문지

◎ 당신이 진짜 좋았다고 생각하는 교실을 기억해 보라. 교실에서 무슨 일이 있었는가? 그때 당신은 어떤 느낌이 들었는가? 당신은 무엇을 했는가?

◎ 당신이 몹시 싫었던 교실을 기억해보라. 교실에서 무슨 일이 있었는가? 그때 당신은 어떤 느낌이 들었는가? 당신은 무엇을 했는가?

◎ 당신에게 긍정적인 느낌을 주었던 교사와 함께 했던 경험을 기억해 보라. 그 교사는 어떤 분이었는가? 그 교사는 무엇을 했는가? 당신은 어떤 느낌이 들었는가? 당신은 무엇을 했는가?

◎ 당신이 교사와 함께 했던 부정적인 경험을 기억해 보라. 무슨 일이 있었는가? 그때 당신은 어떤 느낌

이 들었는가? 당신은 무엇을 했는가?

◎ 당신의 학교에서 일어나고 있는 일 중에서 The Crucial Cs(관계, 능력, 중요, 용기)의 느낌을 증진시키는 일들을 열거하라.

◎ The Crucial Cs를 체험하는 데 방해가 되는 일들을 열거하라.

◎ 당신을 교실에서 나가게 한 후에 학생들이 당신에 대하여 말하도록 한다고 상상해 보라. 학생들이 어떤 단어를 사용하기를 희망하는가? 학생들이 어떤 단어를 사용하리라고 생각하는가? 바람직한 교사상은 무엇이라고 생각하는가?

부록 4

추천하는 읽을거리

Albert, Linda (1996). *Cooperative Discipline:* Revised Edition. Shoreview, MN: Pearson.

Bettner, Betty Lou, Editor (1989). *An Adlerian Resource Book: A Sampler of Reproducible Education Materials.* Hershey, PA: North American Society of Adlerian Psychology.

Bettner, Betty Lou and Lew, Amy (2005). *Raising Kids Who Can: Become Responsible, Self-Reliant, Resilient, Contributing Adults and How to Use Family Meetings to Make It Happen.* Newton Centre, MA: Connexions Press.

Brooks, Robert (1991). *The Self-Esteem Teacher.* Circle Pines, MN: AGS, American Guidance Service.

Dreikurs, Rudolf (1957). *Psychology in the Classroom,* (Revised). New York: Harper and Row.

________, Bronia Grunwald and Floy Pepper (1982). *Maintaining Sanity in the Classroom.* New York: Harper and Row.

________, and Vicki Soltz (1964). *Children: The Challenge.* New York: Hawthorn Books Inc.

Dweck, Carol S. (2006). *Mindset: The New Psychology of Success.* New York: Random House.

Glenn, H. Stephen and Jane Nelsen (1988). *Raising Self-Reliant Children in a Self-Indulgent World.* Rocklin, CA: Prima Publishing.

Lott, Lynn and Riki Intner (1994). *The Family That Works Together.* Rocklin, CA: Prima Publishing.

Nelsen, Jane, H. Stephen Glenn (1991). *Time Out.* Fair Oaks, CA: Sunrise Press.

______, Lynn Lott and H. Stephen Glenn (1993). *Positive Discipline in the Classroom: How to Effectively Use Class Meetings.* Rocklin, CA: Prima Publishing.

Main, Frank (1986). *Perfect Parenting and Other Myths.* Minneapolis, MN: CompCare Pub.

Popkin, Michael (1994). *Active Teaching.* Atlanta, GA: Active Parenting Publishers.

저자 소개

Amy Lew는 철학박사이며 정신건강 상담사, 결혼가족 상담치료사이다. 매사추세츠주의 뉴튼과 글로스터에서 개인 · 부부 · 가족 상담을 하고 있다. 그녀는 캠브리지 가족 연구소 교수이다. Wellesley 대학 Stone Center에서 사회적응 프로그램의 상담사로 일하기도 했으며 북미 아들러 심리학회 부회장을 두 번 역임하기도 했다. 또한 그녀는 국제 결혼가족 상담 잡지 편집국의 일원이기도 하다.

Betty Lou Bettner는 철학박사이며 LPD(lord president of council)이다. 펜실베이니아 미디어에서 개인 · 부부 · 가족 상담을 하고 있다. 그녀는 필라델피아에 있는 Holy Family University 대학원의 교수이며, 델라웨어주 어린이 청소년국(chlildren and youth services)의 자문위원으로서 전 국장이기도 하다. 그녀는 집행위원회에서 10년 동안 북미 아들러 심리학회 대의원(Delegate Assembly of the North American Society of Adlerian Psychology)으로 활동하기도 했다. 또한 현재 국제 아들러 여름학교의 스태프로 활동하고 있다.

Amy Lew와 Betty Lou Bettner는 부모를 위한 책으로 본 번역서와 비슷한 방식의 『자녀 이해와 동기부여를 위한 부모 가이드』를 집필했다. 또한 자녀를 책임감 있고 자기신뢰와 자아탄력성이 높으며 공헌할 줄 아는 어른으로 기르기 위해 가족 모임을 어떻게 하면 좋은지에 대한 책도 집필하였다(Connexions Press, 2005). 이 책은 독일어, 체코어, 에스토니아어로 번역되었다.

그들은 또한 '할 수 있는 아이들 기르기 모델'—『할 수 있는 아이들 기르기 시리즈: 부모 스터디 그룹 리더를 위한 안내서』—활용을 통한 부모교육 스터디 그룹 운영에 관심을 가진 사람들을 위한 안내서를 집필하였다. 부부들이 직면한 문제와 해결방안에 대하여 유쾌하게 접근한 『신데렐라 속편: 동화가 끝나면 진짜 삶이 시작된다』도 그들의 작품이다. Amy와 Betty Lou는 개인심리학 저널의 가족교육 분야 편집자이기도 하다.

역자 소개

김정희(Kim Jeonghee)

광주교육대학교 교육학 석사

현) 태봉초등학교 수석교사

강지영(Kang Jiyoung)

광주교육대학교 교육학 석사과정 수료

현) 용두초등학교 교사

오익수(Oh Iksoo)

전남대학교 교육학 박사

전) 한국청소년상담원 상담교수
한국상담학회 부회장, 광주전남상담학회 회장
광주교육대학교 학생생활연구원장

현) 광주교육대학교 교수
한국아들러상담학회 부회장
한국상담학회 수련감독 전문상담사

아들러심리학 기반 학급 만들기

학생이해와 동기부여

Responsibility in the Classroom:
A Teacher's Guide to Understanding and Motivating Students

2018년 11월 1일 1판 1쇄 인쇄
2018년 11월 10일 1판 1쇄 발행

지은이 • Amy Lew · Betty Lou Bettner
옮긴이 • 김정희 · 강지영 · 오익수
펴낸이 • 김진환
펴낸곳 • (주) 학지사
04031 서울특별시 마포구 양화로 15길 20 마인드월드빌딩
대표전화 • 02-330-5114 팩스 • 02-324-2345
등록번호 • 제313-2006-000265호

홈페이지 • http://www.hakjisa.co.kr
페이스북 • https://www.facebook.com/hakjisabook

ISBN 978-89-997-1702-4 03180

정가 12,000원

이 도서의 국립중앙도서관 출판시도서목록(CIP)은 서지정보유통지원시스템 홈페이지(http://seoji.nl.go.kr)와 국가자료공동목록시스템(http://www.nl.go.kr/kolisnet)에서 이용하실 수 있습니다.
(CIP 제어번호: CIP2018034865)